朝日新書
Asahi Shinsho 907

親の終活 夫婦の老活

インフレに負けない「安心家計術」

井戸美枝

朝日新聞出版

序章

人生は想定外の連続

きっかけは夫の転倒

この数カ月、人生には思いもかけないことが本当に起こることをしみじみと感じさせられました。私はすでに両親を見送り子どもは独立し、夫婦2人で平穏に暮らしており、こうした生活がずっと続くものだと思っていたのです。

ところが、2022年11月、夫が散歩中、坂の急斜面で転倒し、右足を骨折したのです。想像以上に重傷で、救急車による搬送、即入院、全身麻酔による手術にまで至りました。夫は40日間の入院後、在宅でリハビリしていました。その際、「骨折した時、後ろに尻餅をついたから骨折で済んだ」と言いました。前方に転んでいたら、命に関わる事故になっていた可能性もあったとのこと。夫の職場の知り合いが、ゆるやかな斜面で転んだだけで亡くなったといいます。

たかが斜面と思ってしまいますが、実際にそこで転んで人が亡くなってしまうこともあるわけです。死はいつも隣り合わせ、夫がそのまま亡くなったらどうなっていたのか……。あまつさえコロナ禍中の入院、対面で話すことさえできず、骨になって帰ってくることさえあったかもしれないのです。

そして、一人暮らしが突然始まりました。楽しみにしていた夫婦の終《つい》の住処《すみか》となる新居への引っ越しは、まったく色合いの異なるものとなってしまいました。購入から入居への準備に引っ越しとその手配はとてもしんどいものでした。息子が手伝ってくれたものの、新居で佇《たたず》むと一人でいることをしみじみと感じ入りました。これまでの人生、いつも誰かがそばにいてくれました。夫のいない現実が20年も早くやってきたようで、途方に暮れてしまいました。

と、感傷に浸っていても何も解決しません。この想定外の事態を、神戸と東京を往復しながら毎日一歩ずつ乗り越えることが、私の日々の目標となりました。今回の件で痛感したことは、心構えのゆるさ、甘さです。どれほどの準備をしていても、覚悟を伴わなければ、動揺してしまい、うまく対処できません。

このように、人生は想定外の連続でもあるということです。けれども、一度経験してしまえば、それは、次の想定外への「糧」ともなります。本書は、そうした事態にどう備えるか、私の経験も交えながら述べたいと思います。

「親の見送り」と「妻の老後」に備えるために

本書は、将来必ず起こるであろうことへの準備を、いかに考え、準備し、実行に移していくのかという「実践」に力点を置いています。ここでの〝将来起こること〟とは、親の見守り・見送りと残される妻の老後です。これらの課題に対してまず着手することは、脳内での想定、頭の中でイメージをすることです。次にイメージしたものを具体的にどう行動に移していくかの準備に進みましょう。この段階で、多くの人は現実との間にギャップが生じると思います。そのギャップを一つ一つ丁寧に埋めていくことが要です。

持ち物の処分はどうする

具体的な行動を考えてみましょう。親の見守り・見送りや自分が亡くなるときに必ず起こることがあります。それは、持ち物の処分と転居です。住みなれた自宅で最期を迎えることができる方は限られています。ほとんどの方は医療施設か介護施設で亡くなります。老人ホームのような介護施設なら、幾分かの私物を持ち込めますが、病院などの医療施設ではほとんどできません。大きなバッグに2つか3つ程度です。着替えなどの身の回りの物がほとんどで思い出の品はごく限られます。したがって、施設に転居する際に処分をせねばなりません。理想は、早い段階で親自身にしてもらうことですが、現実には思い入れもあり処分しにくいものなのです。いざというときにもめないよう、親子でよく話し合っておくとよいでしょう。

また、転居についても、すでに述べたように、自宅で臨終を迎えることができるケースは限られています。つまり、ほとんどの方は、どこかの時点で病院などの医療施設か、老人ホームなどの介護施設に移ることになります。いずれにしても転居することは避けられません。

「二十歳の自分」に戻って転居を考える

私自身の事例を紹介します。

2つのステップがありました。最初は36年間住み慣れた戸建て住宅から賃貸マンションに転居したわけですが、これが思いのほか良かったのです。なぜなら、身軽になったし、次の転居を考えることができるようになったからです。実際に住んでみないと、適切な住居かどうかはわからないものだと思います。戸建て住宅の場合は空間に余裕があるため、住んでいるうちにどうしても車、大型家具や庭の物置などの家財が増えてしまいます。気づいたらモノにあふれた家になってしまいかねません。

「老後」という新しい時間の始まりに当たって、いつまでもモノや過去に引きずられるよりは、ほぼ身ひとつの状態になってみましょう。「二十歳の自分」を想像してみてください。当時はモノやお金はほとんどなかったと思います。何も持たないのだから、どこにでも住める身軽さがあったと思います。過去に引きずられることもなかったでしょう。「二十歳の自分」に戻った気持ちで転居を考えてみるのもおすすめです。

そして、転居は楽しく良いこともあることがわかります。私の母が、介護が必要になって有料老人ホームに移ったのち、要介護2から自立に近い要支援へと状態が大きく改善しました。戸建て住宅よりも、ホームは断熱性に優れ、暑さ寒さや湿度など気にかける必要のない、快適な空間でした。モノも少なく、シンプルな生活も奏功したと感じます。母の要介護の改善は、こうした転居の効果が大きかったと思っています。

「自分の年表」をイメージする

ここで、自分の将来の年表を考えるために健康寿命と死亡数最多年齢の2つの統計数値を見てみましょう。

日本人男性の健康寿命は72・68歳、死亡数最多年齢88歳、日本人女性の健康寿命は75・38歳、死亡数最多年齢93歳です。この数字に沿うと、我が家の場合は、夫は現在69歳で19年後の88歳、私は現在65歳で28年後の93歳に死亡すると算出、仮定できます。そして、夫は4年後に健康寿命に達し、6年後、後期高齢者となりなんらかの医療や介護が必要になる可能性が高くなり、それから13年後に亡くなると試算できます。夫婦としての同居期間はこれから約19年間で、それ以後の約9年間、私は独居生活ということになります。

このように、自分の年齢を具体的に当てはめてみると、自らがサンプルケースとなり、自分の年表の中で、これからの人生を考えることができます。とくに、40代、50代の方には意味があるでしょう。

夫として息子として――男性に求められること

男性の多くは、親の見送りと自分の老後、そして逝去後の「妻の老後」は、人生において避けることはできません。しかし、それらのイメージが乏しかったり、そもそも湧かなかったりすると、現実とのギャップは大きく開いたままとなります。そのギャップによる負の影響が、その後の人生に深く影響を及ぼすものと思います。

重要なのは、具体的にそれぞれのケースを詳細に予想して対処法を探り、決めておくことなのです。

対処法を決めておくことの意味は、例えば大震災などの防災訓練がそれに当たります。テレビなどで見ると、防災訓練は、どこか取ってつけたような訓練のための訓練のように感じます。しかし、その意味は、「想定された事態に、決められた手順によって各組織が動くこと」を確認することにあります。

事前に決めておくことの大切さは、私自身阪神・淡路大震災に罹災したときに痛感しました。それ以前は大震災などに遭遇したことのない生活をしていたわけですから、日常で事前の準備を行うことは皆無でした。その結果、生活のあらゆる面で立ち往生することになったのです。現在では、地震や水害時にとるべき行動と手順を決めたマニュアル文書と備品類を揃えています。

また、冒頭で触れたように、夫が突然の怪我で入院してしまい、1カ月半ほど一人暮らしをしました。今は回復して家に戻っていますが、独り身を経験もしました。これも実際にしてみないと分からないことばかりでした。

実は、この事態に対しての準備や事前の決め事は何もない状態でした。阪神・淡路大震災のときと同じで、心構えなし準備なしです。その顚末《てんまつ》は、突然ふりかかるトラブルをドタバタと乗り越えて終わるアニメのようなものでした。

繰り返しますが、人生は〝想定外が想定外に〟起きます。余裕のあるうちに、準備をしておくことが身を守ることにつながるのです。

親の老後は自分の先行事例

親の見送りを生前から準備するのは、良くないように思えますが、決してそうではあり

ません。私自身も親の見送りを準備していませんでした。そのため後悔を深く残していま
す。

というのは、親のことをまったく理解していなかったからです。自分自身が独立し結婚、子育てと親と同じ道を辿るなかで、もっと親をひとりの人として誠実に向き合っておいた方が良かったと思うからです。

親という自分の老後の「先行事例」が一番手近にあったのです。私はそれに気づきませんでした。いろいろな事例を現場で経験していくなかで、親と子というのは、非常に似ていると痛感しました。さすがにこの父母の子だなと思わせることが多々あります。例えば、趣味や嗜好《しこう》、リスクへの態度などです。石橋を叩いても渡らない人がいますが、やはりその子も非常に慎重な方でした。そして、親を知ることは、逆に自分を知ることでもあり、将来の自分も知ることに通じていきます。あのとき、母と揉《も》めたが、こういうことだったのかと気付かされ後悔したこともあります。もっと親のことを知っていれば、ひとりの人間として客観的に対処できたと思えることもあるでしょう。

本書の構成

本書は、満足のいく結果を得るために、常に最善の方法で準備していくための手引きになることを目的としています。そして、最適解は、これを読まれる方、それぞれによって異なってきます。個々人が異なる人であるのと同様に、対応はまったくの個人仕様なのです。そして、それは自分で見つけ出し、作り上げるもの。大切なのは常に見直しとブラッシュアップを欠かさないことです。

第1章では、親の終活に備えるためのノウハウを紹介し、第2章では、妻の老後の基幹となる妻の年金についての基本事項を整理していきます。第3章では、夫婦のお金、住まいを中心に述べます。第4章では、夫婦お互いの介護と認知症に備えるための考え方と知識、実践術を紹介します。第5章では、夫が先に逝くことが多い、妻の最期、見送りと相続について述べます。

老後の方針が決まっても、現実は流動的ですので、定期的に見直しを行っていく必要があります。その具体的方法についても解説していきたいと思います。
本書が皆さんのこれからを考える一助となれば幸いです。

親の終活　夫婦の老活

インフレに負けない「安心家計術」

目次

第4章 やってはいけない介護 125

編集協力／村田くみ
図版作成／谷口正孝

第1章
「親の終活」に備える

50代は折り返し地点

人生100年時代だとすると、50代は折り返し地点。子育てが一段落して、「そろそろ自分たち夫婦の老後を考えなければ」と、思う人もいるでしょう。では、「よい老後」を送るために必要なのは何でしょうか？　それは、不測の事態に備えることです。

退職金や企業年金など受け取れる金額は決まっていて、それ以上の資産を確保するためには元気なうちは働き続けるといった方法がありますが、資産が減ってしまうリスクを知っておかなければ、大事な老後資金を失いかねません。

大きなリスクの一つは〝親の老後〟です。自分たちの老後についてはある程度、考えている人も多いでしょうが、親の「終活」に関して、まったく準備をしていないとなると、思わぬ出費につながります。

ある日突然やってくる親の介護と終活に備えることは、自分の老後資産を守ることにもつながります。

私自身は2001年に父を、16年に母を看取りました。社会保険労務士、FPという仕事をしているため、一般の人よりも介護保険や死後の手続き、相続についてはある程度、知識があるほうだと思いますが、それでも「あの時、ああすればよかった」と後悔したことはいくつもありました。

例えば、体調の変化にもっと早く気づいていたら、病気が進行するスピードをもう少し遅らせることができたかもしれない。

行きたいところに一緒に行く機会を設けられただろうし、会いたい人にも会えただろう。大切にしていたものを分けたいという人がいたかもしれない。母の交友関係について、全く聞いていなかったので、亡くなった後も連絡ができていない人もいます。会いたかった人がいたかもしれないと思うと申し訳なく心残りです。

あまりに急に旅立たれてしまったので、そのような親の気持ちに寄り添う余裕など、当時の私にはまったくありませんでした。

その反面、「やっておいてよかった」と思うこともありました。

例えば、母に介護が必要になったとき、介護サービスを利用するために要介護認定を受ける手続きはスムーズにできました。専門家でなくとも、介護に関わる知識をもっておくことは必要です。また、取り引きする金融機関に関しても、母が元気なうちに、一緒に銀行に出向き口座の解約をすることができましたので、相続の手続きにもそれほど困ったことはありませんでした。

自分たちの老後の前に立ちはだかる「親の終活」で、自分たちの財産を目減りさせないのはもちろんですが、後悔しない看取りをしてほしいと思います。

1　お金の話をうまく切り出すには？

「親の困りごと」を段階的にクリアする

新型コロナが長引き、この間、帰省できずに親やきょうだいと、なかなか顔を合わせられなかった人も多かったと思います。

年末年始やお盆などの大型連休で久しぶりに家族が集まるときに、終活や相続の話を一気に進めたくなってしまいますが、久しぶりに会う親たちに向かって「終活」「相続」というワードは禁句です。「自分たちが死ねばいいと思っているのか」と不快な気持ちにさせてしまうこともあります。

はやる気持ちを抑えて「コロナが落ち着いたらやってみたいこと」「旅行に行きたいところはないか」といった話をしながら、親の話にゆっくりと耳を傾けてみましょう。

今、どんな持病を抱えていて、どこのクリニックがかかりつけ医なのか。まずは、親の体調面を気遣いながら、話を進めると親の状況を把握できるようになります。

一度の帰省ですべてを聞き出そうとしないで、何回も実家に顔を出しながら、「親の困りごと」をひとつずつクリアしていきましょう。

例えば、新型コロナに感染したときなど、病気で倒れたらきょうだいの誰が「キーパーソン」になるのか。

私の場合、父が倒れたときは母がまだ元気でしたので、父の身の回りの世話や入院時の手続きなどは母が行いました。父が他界して、母が入院するときは、誰が入院時の手続きをして主治医の話を聞くのか。今はきょうだい間で、SNSなどでつながっておくことができますので、普段からトークルームで「連絡網」を作っておくと、〝もしも〟のときでも連携して対応できます。

親の入院時に必要なことを知る

私の経験上、親が入院したときのために、以下の準備が必要です。

- 健康保険証、お薬手帳、かかりつけ医の診察券、マイナンバーカードなどをまとめておき、持ち出せるようにしておく。
- 病院に入院したときのため「緊急連絡先」「保証人」（住民票が異なる親族が2人）を決めておく。
- 主治医から治療方針、経過、退院の目安などの説明を受ける人を決めておく。
- 入院が決まったらすぐに「入院保証金」を支払うケースがあるので、お金はどうするのか、入院費の支払いについて親から聞いておく。
- 民間の医療保険に入っていないか（入院給付金や一時金の手続きはどうやって行うのか）事前にチェックする。

急に入院するとき、「健康保険証」と「お薬手帳」を持参していないと、応急処置がスムーズにいかなくなることがあり得ます。実際に、心臓病や高血圧、糖尿病の持病がある高齢女性が、皮膚科の診察を受けようと、予約してから病院に行ったとき、「お薬手帳」を忘れたために、診察できなかったと聞いたことがあります。

普段から親とコミュニケーションをとっていないと、〝もしも〟のときに受診できない、あるいは子どもたちがお金を立て替えることになりかねないので注意しましょう。

「入院」をきっかけに、今後の生活、将来的にどんな介護を受けたいのか、終末期はどうしたいのか、といった話を聞きながら、お金のことを切り出すと、うまくいくかもしれません。

入院費などの支払いは親に代わって子どもが行うことを想定して、メインバンクのキャッシュカードの暗証番号を聞いておきたいですね。このほかにも、事前に確認しておかないと後で大変な事態に陥るお金の話は、次のようなことが考えられます。

メインバンク以外に口座開設していないか

金融機関が破綻した場合に、預金保険機構が元本1000万円までとその利息の払い戻しを保証する仕組みを「ペイオフ」と言います。元本が1000万円超あり、また万が一のときに資産が減ると思い、それに対応するため、いくつもの銀行口座を開設している人がいます。

休眠預金等活用法に基づき、2009年1月1日以降の取引から10年以上、取引のない預金等（休眠預金等）は、民間公益活動に活用されます。1万円以上の預金があると、金融機関から通知が来ますが、対応はその金融機関によって異なります。子どもが親に代わって口座の解約はもとより、出入金をするのは「委任状」「身分証明書」等が必要になりますので、親が元気なうちに、銀行口座は、メインバンク以外は解約しておいてもらいましょう。

「やり方がわからない」というのであれば、解約に必要なものは何か金融機関に事前に聞いておき、親と同行することも考えましょう。

子どもにも言えない経済的な悩みはあるか

実家に帰省しても、親がどんな経済状況なのかはまったく知らないという人がほとんどではないでしょうか。

母と同居していたある女性の話で、母親の入院中に、自宅に「督促状」が届き、開封したらキャッシングの返済期限が来ていたことがわかり、女性がかなりの金額を立て替えたという例もあります。

女性は朝、仕事に出かけてしまうと、普段母がどんな生活をしているのか把握できず、同居していても「キャッシングしていたことはわからなかった」と言っていました。年に数回しか会わない親子であれば、親の経済状態はさらにわからないことでしょう。

年金収入で生活できるか〝さりげなく〟聞く

昨今は、水道光熱費、食料品、生活必需品など、生活に不可欠なあらゆるモノの値段が上がり続けています。親の1カ月の生活費を知りたいと思ったら、いきなり「1カ月の生活費はいくら？」などと切り出さないで、身近な話題を振ってみることをお勧めします。

例えば、

「先月の電気代が急に上がっているけれど、うちは大丈夫？」

大丈夫？　と心配してみるのがポイントです。

「全然平気」という親はほとんどいないはずです。大半は「もう大変」と言うでしょうから、そこで1カ月の生活費が年金収入の範囲内で収まっているのか、確認をしましょう。

家計が赤字で、貯蓄から取り崩していたら、入院や介護などの〝もしも〟のときに、お金が足りなくなって、子どもが立て替える、ということにもなりかねません。また、月々の支出がオーバーした分を仕送りする必要も出てくるかもしれません。そうなったとき、ひとりで全部背負わないで、きょうだいと話し合って負担を分担するようにしましょう。

今は便利なキャッシュレス決済があり、その機能を使って送金・入金が簡単にできます。どんどん活用しましょう。

スーパーやコンビニの総菜ですませていないか注意

また、普段の買い物はどうしているのか聞いてみる方法もあります。

高齢になって自炊が億劫《おっくう》になってくると、出来合いのおかずに頼るようになります。便利でおいしいかもしれませんが、日常的に利用する場合は、食費が高くつくので家計的にはおすすめできません。また、味付けが濃いめなので高血圧症や糖尿病などの持病がある人は悪化させてしまう可能性もあります。

高齢になって食事の支度や後片付け、家のなかの掃除やゴミ出しなど、身の回りのことが不自由になったらどう支援したらいいのか、同時に考えておく必要があります。

2 親の人生を聞きつつ、他に相続人がいないか調べる

親を〝取材〟し、相続対策につなげる

進学とともに実家を出て、それから就職、結婚したとすると、親と過ごした時間は意外と少ないと思います。

親元で過ごしていたときも、学校の授業が終わると部活動があり、それから帰宅をして

夕食。そして、宿題、入浴、就寝と、1日のスケジュールはぎっしりつまって、親と話をするのは、食事の時間ぐらいだったかもしれません。そのときも、「学校の成績はどうなのか」「どの学校に進学するのか」などと、親との会話は自分の進路や将来についての話が中心で、親の人生、親自身はどんな趣味を持っていて、普段は何をしているのかなど気にもとめなかった人が多いと思います。

じつは私もそうでした。

親の人生はほとんど知らないで過ごしてきてしまい、「もっと父と母から聞いておけばよかった」と、二人をそれぞれ看取った後、かなり後悔しました。

親のライフヒストリーを聞くことは、自分のルーツを知ることになります。親はどこで生まれて、そのとき祖父母は何をしていたのか。通っていた学校、どんな学生時代だったのか。打ち込んだこと、楽しかった出来事など、時系列に沿って書き出していきましょう。

「家族のヒストリー表」「家系図」を作る

親のライフヒストリーを聞きながら、「家族のヒストリー表」を作るのは、相続対策にもつながります。

両親はどこで出会って、何がきっかけで結婚したのか――。

その前に結婚歴があり、子どもがいた、という人もいます。なかには、子どもたちに隠すつもりはないが、あえて伝えてこなかったということもあるでしょう。

親に離婚・再婚歴があると、相続の際、トラブルにつながりやすいので気をつけましょう。親の死後、両親が再婚で、先妻・先夫との間に子どもがいたことを、再婚後の子どもたちは知らないケースがあります。

例えば、父親が亡くなって相続の手続きをしている最中に、戸籍謄本を取り寄せたら知らない異母兄弟がいた。今、どこに住んでいるのかわからず、消息不明。父親が「遺言書」を作成していなかったら、「遺産分割協議書」に異母兄弟を含めた家族全員の実印が必要になりますので、その作業が滞ってしまうのです。

さらに、法定相続人の人数が確定しなければ、相続税の基礎控除額〈3000万円＋〈600万円×法定相続人の数〉〉がわからないので、相続税の計算もできなくなってしまいます。

「家族のヒストリー表」を作りつつ、親が亡くなったときに誰が相続人になるのか、「家系図」を作っておくと安心できます。

過去から現在までじっくり話を聞くと、〝未来〟についてイメージがつきやすくなります。残りの人生をどう過ごしたいのか、ぼんやりとしていたものの輪郭がはっきりとしてくることがあります。

ぼんやりとしていたものの代表格が「介護」や実家などの「不動産の後始末」です。

3　親の介護は親のお金でまかなうのが鉄則

介護にかかるお金の平均額は約580万円

介護にはさまざまなお金がかかります。

生命保険文化センターが行った調査で、過去3年間に介護経験がある人に、どのくらい介護費用がかかったのかを聞いたところ、介護に要した費用（公的介護保険サービスの自己負担費用を含む）は、住宅改造や介護用ベッドの購入費など一時的な費用の合計が平均74万円、月々の費用が平均8・3万円となっています。

なお、介護を行った場所別に介護費用（月額）をみると、在宅では平均4・8万円、施設では平均12・2万円となっています。介護を行った期間（現在介護を行っている人は、介護を始めてからの経過期間）は平均61・1カ月（5年1カ月）です。4年を超えて介護した人も約5割となっています。

総費用は一般的な費用と期間から算出すると約580万円です。平均額なのでこれよりもっとかかる人もいれば、少なく収まる人もいます。

母（妻）一人になれば年金額は激減する

要介護1〜2ぐらいまでは在宅で介護をするほうが費用は抑えやすいものの、要介護3〜5は介護施設に入居したほうが、安心した生活を送れることが考えられます。

親を介護する場合、介護費用は親のお金で支払うのが基本です。子どもにはそれぞれの生活があり、教育費や住宅ローンがやっと終わったばかり、という人もいるでしょう。これから準備しなければならないのは、自分たちの「老後資金」なので、親の介護費用を代わりに払ってしまうと、自分たちの退職後の生活が大変なことになってしまいます。

親の年金収入を聞いておき、介護費用は収入の範囲内に収まるのか、確認しておくことが大事です。

問題なのは父が他界した後、母がおひとりさまになって介護状態になったとき。

両親が健在のときは二人合わせて年金収入は月30万円程度あったとしても、母ひとりになったら10万円ぐらいになってしまったということもありえます。

母親世代は厚生年金の加入歴がない人が多いので、年金収入は「老齢基礎年金」と「遺族厚生年金」しかない、というケースがほとんどです。お母さんは「お父さんの年金をそっくり受け取れるから大丈夫」と思い込んでいませんか？

両親が健在なときから、父が亡くなった後、母が受け取る年金額はどのくらいなのか、確認しておきましょう。

知っておきたい、お金の負担が軽減される3つの制度

介護にあたって知っておきたい制度は3つあります。

「高額療養費」「高額介護サービス費」「高額医療・高額介護合算療養費制度」です。「高額療養費」とは、医療費がたくさんかかった場合、一定額を超えた分が健康保険から還付される制度です。例えば、70歳以上・年収370万円未満の人は外来では1万8000円（年間上限14・4万円）、入院では5万7600円が1カ月の負担の上限で、医療機関の窓口でそれを超える額を支払った場合、超えた分が還付されます。食事代や差額ベッド代などは自己負担になります。

例えば、入院をして手術を受けたとします。医療費が100万円かかっても、高齢者医療の場合は保険者が計算して還付してくれます。医療費は1カ月の上限額5万7600円（一般の場合）の範囲内で済むのです。

1カ月は各月の1日から末日までを指します。8月21日に入院して9月20日に退院するなど、月をまたぐ場合は、8月、9月、それぞれ上限額を負担することになりますが、そ

れでも医療費をかなり抑えることができます。

「高額療養費」は高齢者だけでなく、健康保険に加入している人なら誰でも利用できます。65歳未満の人は高齢者とは自己負担額の上限が異なります。

還付を受けるためには、健康保険の窓口（国民健康保険では市区町村の窓口）で手続きをする必要がありますが、入院の場合や同一医療機関での外来の場合は、医療機関に「限度額適用認定証」を提出しておけば、請求されるのは上限額までで済みます。いったん立て替える必要がないといったメリットがありますので、事前に健康保険の窓口で発行してもらいましょう。また、マイナンバーカードが利用できる医療機関であれば、「限度額適用認定証」がなくても限度額を超える支払いはありません。

「高額介護サービス費」は、介護保険のサービス利用料について1カ月あたりの上限額が設定されていて、上限を超えた分が払い戻されるという制度です。上限額は同じ世帯の人の収入によって異なります。例えば夫婦2人暮らしで2人とも住民税が非課税なら1カ月の上限は2万4600円。サービスを受けているのが夫だけでも、2人ともサービスを受けていても、2人（世帯）で2万4600円が上限です。夫が2万円、妻が1万円のサービスを受けていたら、5400円が払い戻されます。

1カ月の上限を超えているかどうかは市区町村で計算して、確認をしているので、払い戻しを受けられる人にはお知らせが届きます。

高齢になれば、夫は病気で医療費がかかり、妻は介護費がかかるということもあります。世帯単位で見ると負担が大きくなりますが、同一世帯（ひとつの世帯）に介護保険を利用している人と、医療保険を利用している人がいる場合、1年間に自己負担した合計額が一定額を超えると、超えた分が戻ってきます。これが「高額医療・高額介護合算療養費制度」で、毎年8月1日～翌年7月31日の1年間で計算されます。

同一世帯とは、医療保険の加入制度が同じ世帯のことを言います。夫が「後期高齢者医療制度」、妻が「国民健康保険制度」に加入している場合は、別々の医療保険なので、合算はできません。

還付を受けるためには市区町村の介護保険窓口に申請する必要があります。一般的には、市区町村の介護保険課から通知が来て、それに必要事項を記入して返信する方法が取られています。

1年間（1月1日から12月31日）にかかった医療費が10万円（総所得金額等が200万円未満の人は総所得金額等の5％）を超えた場合、所得税が軽減される「医療費控除」が受けられます。控除を受けるためには確定申告をする必要があります。

介護離職は絶対にNG

高齢社会白書（令和4年版）によると、75歳以上になると要介護認定割合が約32％と大きくなります。誰が介護をしているかは配偶者約24％、同居の子・子の配偶者約28％です。厚生労働省の雇用動向調査によると2020年に介護離職をした人は約7・1万人でした。男性は約1・8万人、女性は約5・3万人と女性のほうが多くなっています。性別・年代別に「介護・看護離職」の割合をみると、男性は「65歳以上」、女性は「55〜59歳」で最も高くなっています。

50代にさしかかると、会社内での「着地点」も見えてきます。これ以上、出世する見込みがないのであれば、「60歳の定年退職時まで会社に居続けなくてもいい」と、離職に踏み切ってしまうケースもあるのですが、退職後も働き続ける場所、つまり再就職先が見つかっていないと、子ども自身が老後破綻に陥る可能性が高くなってしまいます。親を看取ってから40年、人によっては50年ぐらい自分の長い老後が待っています。

中高年の再就職は困難で、コロナ禍の今、サービス業などでは急に人手が足りなくなったと思ったら、感染者の急増とともにお客さんが激減して、人手が余るというように、不安定な状況が続いています。業種によっては労働力の需給バランスが安定せず、思うように仕事が見つからないこともあります。

60歳で定年退職を迎えてから再雇用で65歳まで働き続けたほうが、子どもの老後破綻のリスクは回避できます。

「要介護状態」の誤解

介護休業、介護休業給付金などの「家族介護者のための支援制度」がありますが、大和総研が2019年1月9日に発表した「介護離職の現状と課題」では、介護休業制度やそれ以外の時短勤務などの利用含めても8・6%しかありません。

原則として「要介護状態」の家族を介護する会社員などは、育児・介護休業法に基づき、

「介護休業」を取得することができます。よく勘違いされる点はこの「要介護状態」のことです。

急に親が倒れたときなど、介護休業を申請して会社を休みたいと思う人も多いでしょう。そのとき「要介護認定」を受けていない、あるいは判定の結果、要支援だったので申請をあきらめてしまった、という人は少なくありません。

ここでの「要介護状態」は介護保険制度の要介護状態と連動していないのです。「要支援」または「自立」の状態でも、「負傷、疾病などにより2週間以上常時介護を必要とする場合」であれば、申請できる対象となっています。

また、主治医の診断書も不要ですので、もし上司から「取得するためには主治医の診断書が必要」「要介護状態でなければ取得できない」と言われたら、「それは違います」と言う勇気が必要です。以下、介護休業とその条件などについて説明します。

介護休業とはどんな制度か

「要介護状態」とは負傷、疾病などにより2週間以上にわたり常時介護を必要とする状態です。

取得できるのは対象家族を介護する労働者で、日々雇用はのぞかれています（入社1年以上であることの要件は、2022年4月以降はなくなりました）。

対象になる家族の範囲は、配偶者（内縁を含む）、父母、子、配偶者の父母、祖父母、兄弟姉妹、孫です。

休業できる期間は、対象家族1人につき、3回を上限として、通算93日までとなっています。必要に応じて3回に分けて、休業ができるということです。

休業開始予定日と休業終了予定日を決め、原則として開始日の2週間前までに、書面等により会社側に申し出て、手続きを行います。

介護休業給付金とは

介護休業を取得した雇用保険の被保険者（65歳未満の一般被保険者、65歳以上の高年齢被保険者）は原則、「介護休業給付金」を受給できます。給付額は原則として、休業開始前の給与水準の67％です。ただし、会社によっては休業中に給与（介護休業の期間を対象とする分）が支払われたケースもあります。その場合、給付金は減額・または不支給となる場合もあります。

休業中に給与が支払われた場合は、その給与の賃金月額に対する割合に応じて、以下の支給となります。

13％以下　休業開始前の給与水準の67％相当額を支給
13％超80％未満　休業開始前の給与水準の80％相当額までの差額を支給
80％以上　支給されません

介護休業給付金には、上限額および下限額が決められています。また同一対象の家族について介護休業給付金を受けたことがある場合でも、異なる要介護状態で再び介護休業を取得したときには介護休業給付金を受け取ることができます。ただし、同一の対象家族について受給できる日数は通算93日までです。

その他の制度として、以下のしくみがあります。

介護休暇

要介護状態にある対象家族が1人の場合は年5日、2人以上の場合は年10日を限度として、時間単位から取得できます（通院等の付添、介護サービスの提供を受けるために必要な手続きの代行等にも利用できます）。誤解されている方が多いですが、介護休業と介護休暇は別の制度です。申請方法や対象者も異なっています。

勤務時間の短縮等の措置

要介護状態にある対象家族1人につき介護休業とは別に、利用開始から3年以上の間で勤務時間の短縮の措置を2回以上利用可能とするなど、会社側は以下のうち少なくとも1つの措置を講じなければなりません（短時間勤務のほか、フレックスタイム制、始業・終業時刻の繰上げ・繰下げ、介護サービスの費用の助成）。

法定時間外労働の制限、深夜労働の制限

介護者が申し出た場合には原則、会社側は所定労働時間を超えて労働させることができません。また、申し出がある場合は1カ月24時間、1年150時間を超える時間外労働をさせてはいけません。

さらに、介護者が申し出た場合には、会社側は、深夜（午後10時～午前5時）に労働させてはいけません。

介護休業は通算で93日ですが、「自分が介護を行う期間」というよりは、「今後、仕事と介護を両立するために態勢を整えるための期間」です。

地域包括支援センター（高齢者の生活を支えるための総合機関として各市町村が設置）や、ケアマネジャー（介護支援専門員）などと相談し、前述の制度や介護保険のサービスを上手に利用しましょう。

4　実家は親の生前中に処分を

不動産はトラブルになりやすい

実家が〝負動産〟状態で、どうにもならない、という相談者（子どもたち）が多くいらっしゃいます。子どもたちは私の世代。親の死後、実家をどう処分したらいいのか、決められないで放置していると固定資産税など維持費はかかり、資産価値はなくなり、売るタイミングを逸してしまうことにもつながりかねません。

相続に関する調停・審判は年々増え続けています。2019年の遺産分割事件の調停・審判申し立て数は1万5842件。20年前と比べると約1・5倍にも増えています。

しかも、事件を価額別件数でみると、相続でのトラブルになる件数の8割は5000万円以下、1000万円以下は34％もありました。相続財産が少ないほうがもめることがわかります。相続での「調停」とは、遺産分割協議で話し合いがつかなかった場合に、裁判官と民間から選ばれた調停委員が間に入り解決を目指すものです。調停が成立しなかった場合には、審判に移ることになります。

不動産は現金のような割り切れるものではないので、トラブルに陥りやすいものです。

介護が必要になったら、一軒家での生活というのは不便で防犯上も安心して過ごせるとはいえません。介護施設に移り住むことを想定して、自宅を売却してその費用に充てるといった選択肢も出てきます。

ここで「住み慣れた家で最期まで過ごしたい」と親は思うかもしれません。しかし、その願いを叶えるのは大変な苦労が伴う、ということを知っておいたほうがいいでしょう。

5　親が亡くなった後「かかるお金」は？

子どもが立て替えず、親の財産の範囲内で

子どもが立て替えてしまいがちなのが「葬儀費用」です。「今まで世話になったので恩返しがしたい」と、大きな葬儀所で立派な祭壇をつくり弔うのはいいことなのですが、弔問客が少ないのにお金をかけてしまうと、赤字になってしまいます。実際に親の葬式のために数百万円使った、という話もあります。

病院で臨終を迎えると、病室または院内の霊安室に安置されます。家族は葬儀会社に電話して、遺体の搬送を依頼します。親が互助会に入っているかなどを聞いておけば、割引も使え慌てることもありません。

病院が死亡診断書を作成し、診断書と死亡届を持って住民票のある自治体の役所に行き（死亡者の死亡地と届出人の所在地でも交付できる）、「埋・火葬許可証」を発行してもらいますが、葬儀社が代行してくれますので、家族が役所の窓口に行く必要はないようです。

死亡診断書も無料ではありません。また、病院によってはご遺体を清拭してくれるなどしますので、それらの費用が退院するときに請求されます。

「葬儀費用」はほとんどの葬儀会社でパッケージになっています。別途料金が発生するのが、精進落としなどの飲食代、火葬場の利用料と控え室使用料、僧侶へのお布施、火葬場へ移動するための霊柩車、マイクロバス代などです。これらの費用は、親の財産の範囲内で支払うようにしましょう。

親が亡くなった後も、四十九日の法要、納骨、一周忌と親族が集まり、弔う機会がでてきます。そのときには僧侶へのお布施、会食費、場合によってはお足代（交通費）がかかるので、それらの費用は親の財産でまかなうようにしないと、大変なことになります。

葬儀で押さえるべきポイント

以下、葬儀で押さえておきたい事項を記します。

戒名費用の用意

戒名は菩提寺の僧侶がつけることが一般的ですが、数十万かかることも。お金の準備をしておくとよいでしょう。

仏壇の用意

仏壇も今はリビングに置ける小型なものが主流とはいえ、最低でも、5万~10万円はかかります。位牌《いはい》に戒名を入れるにも印刷代がかかります。

お墓はどこにあるかを確認

四十九日が過ぎた頃に納骨をします。納骨するときにも、親族が集まり納骨式を行うので飲食代がかかり、僧侶へのお布施も発生するケースがあります。それ以前にどのお墓に入るのか決めていなかったらお墓を子どもたちが購入しなければならなくなるので、お墓はどこにあるのか聞いておきましょう。

ペットや遺品はどうするかも忘れずに

犬や猫などのペットを飼っている人は、飼い主が先に亡くなったらペットは誰が引き取るのか、考えておく必要があります。相続人になる家族であらかじめ話し合っておくと安心です。

遺品整理も遺された家族にとって大切なことですが、あまりにも荷物が多いとゴミと分別して形見分けする時間もなく、遺品整理をすべて業者にお願いしてしまうケースも多いのです。時計や貴金属など「誰に何を譲りたいか（形見分け）」を、エンディングノートなどに記してもらいましょう。以下を書いてもらうとよいでしょう。

- 葬儀施行者
- 葬儀費用
- 遺影の写真
- 戒名
- 宗教（宗派）
- 家紋
- 連絡してほしい友人・知人など

　また、洋服やアクセサリーなどは、故人が愛着をもっていたものについて、家族にとって処分しにくい心理が働きますが、そうかといって引き取るわけにもいかないこともあるでしょう。譲りたいもの以外は処分していいと書き残してもらうと、家族は遺品整理しやすくなります。

第２章

夫の年金を増やし、妻の受給額も増やす

50代はラストスパート期間

子どもがいる人もいない人も50代は老後資金の準備に向けてのラストスパートです。50歳以降の「ねんきん定期便」は実際の年金予定額を把握できるので、毎年必ずチェックしましょう。夫の年金予定額もチェックして夫婦でどれだけの金額が必要なのか確認します。そして、夫に先立たれた後、一人でも生活が成り立つのか、遺族年金はいくら受け取れるのかといった「おひとりさま」の期間の収支を把握しましょう。

年金の範囲内で生活が成り立たないと判断したら、「いつまで働き続けるのか」を考えるといった準備が必要になってきます。

60代以降は夫が定年退職を迎えて、「夫婦で旅行に出かけたい」と思う人も多いでしょう。趣味や楽しみの時間を持つのは大事ですが、退職金を自分たちのごほうびに使っていたらすぐになくなってしまいます。妻がひとりになったときの介護や老後の資金計画も立てておくと安心できます。

1 「ねんきん定期便」で〝書かれていない〟年金を知る

妻の年金の「埋蔵金」を掘り出そう

公的年金の加入者には、毎年誕生日の月にハガキで「ねんきん定期便」が送られてきます。35歳、45歳、59歳の節目の年は全期間が載っている封書の「ねんきん定期便」が届きます。年金に関する大切な情報が記載されていますので、内容を必ず確認しましょう。まず、確認したいのは、「これまでの年金加入期間」です。この欄には、国民年金、厚生年金保険など、それぞれの加入期間と、その合計などをもとにした受給資格期間が記載されています。年金を受給するには、受給資格期間が10年（120カ月）以上必要となります。

次に確認したいのが、「これまでの加入実績に応じた年金額」。この欄には、将来受け取る年金の見込み額が記載されています。50歳未満と50歳以上では、見込み額の記載条件が異なり、50歳未満の場合、記載されている見込み額は、「これまでの保険料納付額」をもとに試算されたもの。50歳以上は、現在の加入条件が60歳まで継続すると仮定して、65歳から受け取る年金見込額が分かるようになっています。今後働き続けることで、実際の年金額は増えます。

そして「老齢年金の種類と見込額（年額）」の欄をみてみましょう。「何歳から」「どの種類の年金が」「いくら」受け取れるのかも、具体的に確認することができます。「ねんきん定期便」に記載された見込み額を参考に、老後のライフプランを立てていきます。また、その際に覚えておきたいのが、加入実績に応じた年間額（年額）から、社会保険料、所得税、住民税を支払わなくてはならないということ。実際には1割ぐらい差し引いた金額が手取りの額の目安になります。そこから、生活費を差し引いてみると、年金の範囲内で生活が成り立つのかどうか判断できます。また、「公的年金シュミレーター」を使えば、スマホで簡単に働き方、暮らし方の変化に応じて、年金額を試算することもできます。

ただし、ねんきん定期便に記載されていない「企業年金連合会の年金」があるのです。その存在を忘れていませんか？

女性は特に、結婚を機に勤めていた会社を辞めて、家庭に入る人が多かった世代は注意が必要です。結婚前に勤めていた会社で、「厚生年金基金」や「確定給付企業年金」などの企業年金に加入していた人もいたと思います。結婚を機に退職して、姓や住民票が変わったために受け取りの通知が送られて来ず、60歳から受け取れる年金があるにもかかわらず、もらい忘れている人も少なくありません。

企業年金の記録は、企業年金連合会のホームページから、年金手帳に記載されている基礎年金番号を入力すれば確認することができます。1カ月でも会社に勤めた経験がある人は確認しましょう。以下、国民年金と厚生年金の額について解説します。

国民年金――65歳から年間約79万円（満額）

「国民年金」は、日本在住の20歳以上60歳未満のすべての人が加入対象になります。亡くなるまで年金が受け取れる終身年金です。保険料を支払うことが条件で、2017年8月からは10年以上支払うと受け取れるようになりました。支払い期間の長さによって受給金額は変わり、40年間保険料を1カ月も欠かさず支払うと満額受け取れます。

国民年金は年金部分の基礎で〝1階部分〟とも呼ばれ、自営業やフリーランス、会社員、専業主婦など全員が加入します。保険料は定額で収入がない学生でも20歳以上は支払います（学生納付特例制度あり：届け出をすると保険料を支払う必要がない）。

23年度の月々支払う保険料は1万6520円、支払われる年金額（老齢基礎年金）は満額で年79万5000円、月額6万6250円です（新規裁定者67歳の額）。

厚生年金——標準的な夫婦で年間約269万円

「厚生年金」は、厚生年金に加入している民間企業の会社員や公務員が対象です。月々支払う保険料は労使折半で給料から自動的に天引きされます。会社員や公務員は、国民年金の「1階部分」のほかに、「2階部分」の厚生年金が上乗せされます。収入が高いほど受給額（老齢厚生年金）は増えます。

ボーナスを含む平均的な収入が43万9000円で40年間働いた場合の夫婦2人分の受給額は1階部分を含めてひと月あたり22万4482円となっています。

これとは別に、厚生年金加入者で条件に合う人には「加給年金」が支給されます。

加給年金とは、厚生年金の加入期間が20年以上ある主たる生計維持者（専業主婦家庭なら夫）が65歳になったとき、65歳未満の配偶者（厚生年金に20年以上期間分の厚生年金、障害年金を受け取っていないことが条件）や、子どもがいる場合に支給されるものです。子どもについては、18歳になってから最初の3月末を迎えるまで支給されます（障害等級1・2級の子では20歳未満）。

金額は年額、配偶者に対する分が39万7500円、子どもは22万8700円（第1子、第2子）第3子から7万6200円が、夫の年金に加算されます。妻が65歳になったら「振替加算」と名称が変わり、妻が受け取ります。

2 年金大改正を最大限生かして年金を増やす

2022年4月に年金制度の改正が行われました。高齢化真っ只中での今回の〝年金大改正〟は、長生きを前提に、年金をできるだけたくさん増やせるようになっています。人生100年時代を迎えて、夫が定年退職してからもそれから30年、40年という老後が控えています。長い老後を安心して過ごすためにも、長生きすることを想定して、年金をどれだけ増やすことができるのか。定年前に把握することが大切です。今回の年金大改正の主な点は以下の5つです。

①受給開始を75歳まで延ばすと84%も増やせる「繰り下げ」

外に出ていつまでも健康で過ごすためにも、65歳まで働くのは当たり前、70歳まで働くことも視野に入ってきます。もちろん70歳まで働いて年金を増やしたいという人もいれば、65歳で受け取りたいという人もいますので、職業や資産、健康状態によって、自分にあった受け取り方は異なります。

例えば、夫の退職金が想定していた金額よりも少なかった、住宅ローンが退職以降もかかってしまった、といった理由で、老後のための貯蓄ができないこともあるでしょう。終身の収入は公的年金だけで、それだけでは生活費が足りない場合は「元気なうちはなるべく働く」という選択が現実的です。

その間、年金を繰り下げて将来受け取る額を増やすことができます。

年金の繰り下げは、22年4月から受給開始の上限年齢が70歳から75歳まで拡大になりました。受給額は最大で84%アップし、例えば65歳で年間79万5000円もらえる人は、1

カ月受け取る期間を延ばすと、月0・7％増えます。70歳まで繰り下げると約113万円に増やすことができます。さらに75歳まで繰り下げれば約146万円にもなります。

繰り下げ受給にともなう落とし穴に要注意！

夫と妻の年金をすべて繰り下げるに当たって、注意しておく必要がある人がいます。それは「加給年金」を受け取っている人です。加給年金は、配偶者の厚生年金の加入期間が20年以上ある人が対象で、例えば、夫が65歳に達した時点で、扶養する65歳未満の妻や18歳未満の子どもがいる場合、夫の老齢厚生年金に加算される年金のことです（男女区別なく、妻の厚生年金もＯＫ）。

金額は妻の場合で年額約40万円。65歳になるまでの間、毎年支給されるものですが、夫の老齢厚生年金の受給時期を繰り下げると、この間加給年金がもらえなくなってしまいます。

例えば、妻の方が5歳年下という場合、夫が老齢厚生年金の受給を70歳まで繰り下げると、加給年金を受け取ることができません。

妻が1966年4月1日以前生まれの場合、65歳になって加給年金の受け取りが終わっても、一定の基準を満たせば妻の老齢基礎年金に上乗せされる「振替加算」があります。この振替加算は老齢基礎年金の加算なので、妻の老齢基礎年金を繰り下げると受け取れなくなります。振替加算の金額は年齢によって違いますので、実際にいくらもらえるのか確認しましょう。1961（昭和36）年4月2日から66（昭和41）年4月1日生まれは1年間でもらえる振替加算の額が1万5323円と少なく、1966年4月2日以降生まれは、振替加算はありません。老齢基礎年金を繰り下げしたほうが総受給額が増えます。振替加算がつくか否かを気にする必要はないでしょう。

ちょっと複雑になりますが、年金の受給を繰り下げるのと、加給年金が加算されるのとどちらが得になるのかは、夫婦の年齢差や寿命によって変わります。

夫は老齢厚生年金を65歳から受け取り、老齢基礎年金を繰り下げる、妻は老齢厚生年金を繰り下げて、老齢基礎年金を65歳から受け取る、など世帯で有利なパターンをシミュレーションしてみましょう。また、月400円の付加保険料を支払っている場合、老齢基礎年金に付加年金（200円×付加保険料納付月額）がつきます。老齢基礎年金を繰り下げる場合は付加年金も一緒に計算され増やすことができます。

繰り下げの〝最適解〟は働き方によって変わる

ここまでは、「会社員の夫と専業主婦の妻」のケースを見てきましたが、自営業の夫婦や共働きの夫婦、あるいはフリーランスで独身の場合など、働き方によって繰り下げ受給の最適解は変わってきます。

自営業夫婦の場合

自営業者は年収にかかわらず、年金は老齢基礎年金のみ。20歳から60歳まで、40年間（480月）保険料を納め続けて満額もらえたとしても、65歳から受け取れる年金は年額79万5000円（月額約6万6250円）。未納の期間があるともっと少ない金額になるので、保険料未加入期間を65歳まで「任意加入」して、できるだけ満額で受け取れるようにしましょう。

夫の老齢基礎年金を70歳まで繰り下げしますと、42％アップの年額約１１３万円になります。妻は長生きリスクに備えて、もう少しだけ先の75歳まで繰り下げてみましょう。そうすると、84％アップの年額約１４６万円になります。

夫婦合わせると年額１５９万円から２５９万円にもアップします。１カ月の年金収入は約22万円になりますので、安心できるでしょう。ただし、夫が亡くなった後、子どもがいない妻がもらえる遺族年金はありませんので、夫の死後、生活できるように貯蓄をしておくことが大事です。

共働きの会社員夫婦の場合

共働き夫婦の年金は、夫の年収が平均５００万円で厚生年金期間40年だとすると年額１９０万円（月額約15万８３００円）。妻の平均年収が３００万円（厚生年金期間40年）だとすると、年額約１４５万円（月額約12万円）もらえる計算になります。

夫婦合わせて年額約３３５万円（月額約27万９０００円）もあるので、安心していると落とし穴があります。共働きの世帯は収入が多い分、支出も多く、デパ地下のお惣菜を買ったり、外食するなど食費が高い家庭が多いようです。定年後は、年金の範囲内で支出が収まるのかチェックしましょう。夫婦ともに勤め先の会社で再雇用や再就職ができるのであれば、65歳以降もできれば70歳まで働いて、その期間年金を繰り下げると、収入はもっと増えます。

夫婦ともに70歳まで年金を繰り下げたとしたら夫は年額270万円、妻は年額206万円にもなり、65歳で受け取る金額と比較して、141万円も増やすことができます。長年勤めてきたため「休みたい」人もいると思いますので、体調をみながら検討してみましょう。

90歳まで生きるかどうかが、繰り下げの損得の分かれ目

しっかり考えたいのが「いつまで繰り下げるのか」。75歳まで待つよりも、実は70歳まで繰り下げ受給をするほうがお得なケースがあります。

厚生労働省の試算によりますと、1975年以降生まれが65歳を迎える頃には男性4割以上、女性7割近くが90歳まで生きると見込まれています。ですから、「90歳まで生きる」ということを前提に、ライフプランを立てる必要があるでしょう。

70歳と75歳まで繰り下げた場合を比べてみると、1年に受け取る年金額は、当然75歳のほうが多くなります。ですが、91歳以上まで生きるとすると、70歳から42％増しでもらったほうが一生涯で受け取る年金総額が多くなるのです。

年金受給の「損益分岐点」は、もらい始めから11年11カ月が目安です。しかし、年金は長生きに備える保険です。高齢になってから年金を多く受け取りたい、医療費や介護費に備えたいという場合は、要介護認定者が増える年齢である75歳から受け取るのもいいでしょう。

なお、繰り下げ受給を希望する人は、66歳の誕生日を過ぎてから、希望の繰り下げたい時に、年金事務所で手続きをする必要があります。年金相談や説明もじっくり受けられるよう、きちんと予約をして手続きをすることをお勧めします。

②厚生年金に加入して年金を増やす

22年の大改正で、厚生年金加入のハードルが下がり、老齢基礎年金（1階部分）にプラスして老齢厚生年金（2階部分）がもらえるようになる人が約56万人増えました。

女性のほうが男性よりも長生きすることがわかっています。会社員だった夫が亡くなった後、遺族厚生年金がもらえるとはいえ、夫婦2人で生活していた時に比べると収入がガクンと減るので、おひとりさま生活に入った後の資金計画はしっかりと立てておきたいものです。

パートやアルバイトで働く主婦の方は多いと思いますが、これまでは労働時間など条件を満たしていないため、社会保険に加入することができず、老後に不安を抱えているケースがありました。

22年10月からは、短時間労働者が社会保険に加入できる要件のハードルが以下のように下がります。

- 1週間で20時間以上同じ会社で働いている
- 月額賃金が8万8000円以上
- 2カ月以上雇用の見込みがある
- 学生ではない

・フルタイム従業員が常時101人以上いる
2024年10月からは、51人以上の企業も対象になります。対象者数は約65万人と推計されています。

将来的にはフルタイム従業員の人数にとらわれず、週20時間働いた人は社会保険に加入できる方向です。この短時間労働者のうち、専業主婦（第3号被保険者）は全体の26・9％です。その他フリーランスなど第1号被保険者が44・6％、60歳以上などが28・4％となっています。雇用者はどんな働き方をしようと同じ社会保険の保障があるということが大事だという考え方に基づいています。ここで言う社会保険は厚生年金と健康保険。アルバイトの募集で「社会保険完備」と書いてある場合は、この2つの加入という条件なのかよくチェックしましょう。

専業主婦の場合は、結婚をしておおよそ20歳から60歳までの間、厚生年金に加入している夫（第2号被保険者）の扶養に入り、第3号被保険者として加入。社会保険料を支払う必要がないケースが多く、パートやアルバイトで働いていたとしても夫の扶養から外れないよう、年収130万円未満で社会保険の扶養の範囲で働いている傾向があります。そんな主婦が、扶養から外れて社会保険に加入すると、年収によっては、目先の手取りは減りますが、将来年金として受け取れる額が増えるメリットがあり、安心感が高まるでしょう。

例えば年収１０６万円で10年働いて加入したとすると、納める厚生年金保険料は月８１００円で、受ける老齢厚生年金は65歳から年額５万４１００円×終身という計算になります。医療保険の本人給付もあります。老後のために、短期的な視点ではなく、将来のことも考え、厚生年金に加入できる仕事を探してみてはいかがでしょう。

仕事を探すのであれば地元がベストです。今後事業所の規模条件がなくなっていくでしょう。ご近所ネットワークも活用して、求人票には載っていない口コミの仕事を探してみるのも一案です。

③在職老齢年金の支給停止基準は48万円に

また、現在60歳から64歳に支給される特別支給の老齢厚生年金は、働きすぎると年金が支給停止となってしまうので、働く時間をセーブする人がいました。22年4月1日から、この支給停止となる賃金と年金額の合計は28万円から、48万円に（２０２２年額は47万円でしたがマクロ経済スライドにより、2023年額は48万円になりました)。もっと働いてその分年金を増やすことも可能です。

男性は1961(昭和36)年4月2日以降、女性は66(昭和41)年4月2日以降生まれは、65歳前の年金はありません。気にせず働きましょう。

④65歳以降も働けば厚生年金の受給額がさらにアップ

現役時代に一区切りつけてしまうと、「働くスイッチが入らない」という声を聞きます。働きたくない配偶者に無理に働いてもらうようにすると、そこで夫婦ゲンカにもなってしまいます。ですから、単にお金のことだけではなく、会社を辞めた後の生活をどうするのか、といったことを含めて、65歳以降の生活を夫婦で考えてみることをおすすめします。

特に、仕事をスッパリ辞めてしまった人は、将来への不安が尽きない上、「配偶者以外の人と話すことがない」「何もすることがない」という状態に陥りがち。それがストレスの元になってしまい、心身の不調を訴える人もいるくらいです。

夫婦で労働、家事の分担を

定年以降は、どのような働き方がいいのでしょうか。外に出ることは健康をキープすることにもつながりますので、趣味やサークル活動を楽しむ時間を持ちながら短い時間働く、といった選択肢もありです。

繰り下げる年齢になるまでの期間はマイペースで働くことが大事。配偶者が「どうしてもフルタイムで働くのはキツい」ということもあるでしょう。その場合は、企業年金に加入していた人であれば、その受給分だけを生活費に回したうえで、その他に必要な額の分だけ働くのもよいでしょう。

老齢厚生年金だけを65歳から受け取り、老齢基礎年金は繰り下げて、生活費の不足分は働いて得る、という選択肢も出てきます。妻がフルタイムで働く代わりに、夫は家のことを担当する、というように、夫婦で役割分担をすることも円満の秘訣です。収入も世帯で考えていきましょう。

これまでは70歳にならないと、65歳以降に納めた厚生年金保険料は支給額に反映されませんでしたが、22年4月からは、働いて納めた厚生年金保険料が、翌年の老齢厚生年金に反映されるようになりました。

もらえる年金が目に見えて増えるので働いた実感がわいてきます。

また、働き方の法整備も進み、65歳から70歳まで働く機会を確保することが企業側の努力義務となっています。「改正高年齢者雇用安定法」で、70歳まで働く時代が本格的にやってきました。企業は今後70歳まで定年を引き上げるだけでなく、定年制そのものを廃止し、起業する人やフリーランスになる人への業務委託などを進めることになっていきます。

これからの時代、再雇用されて同じ会社で働き続けるほかにも、転職や起業、フリーランスになるなど、老後の働き方が多様になりそうです。ペースを崩すことなく夫婦で働き、「老後の資金」と「健康」を手に入れましょう。

⑤iDeCo（イデコ）への加入期間が65歳未満までに引き上げ

自分で備える「私的年金」として人気の個人型確定拠出年金・iDeCo（イデコ）は、これまでは60歳までしか加入できなかったのが、22年5月から加入年齢が65歳未満に引き上げられました。加入者は、２０２３年1月末現在では、２８２・5万人。1月だけで４・5万人も増えました。

受け取り期間の上限年齢も、70歳から75歳に引き上げられましたので、老後資金が少ないという人には年金を増やす絶好のチャンスだといえます。また、50代半ばから始めても運用期間が長く取れるようになるので、「今さら」と思っていた人も、今回の改正を機に検討してみてはいかがでしょう。

例えば、毎月2万円をメガバンクの定期預金で10年間積み立てた場合と比較してみましょう。

10年後、定期預金では２４０万１８４円で、利息は１４６円（税引後）にしかならないところ、イデコを使って投資信託で運用したケース（想定利回り年3％）では、２７８万８９５９円にもなります。利益は38万８９５９万円（非課税）で、その差は歴然です。

長生きリスクに備えるためにも、長く働きながら長期投資でリスクを抑えてお金を増やすチャンスを活用しましょう。しかも、イデコの掛金は全額、所得控除の対象になるので、年末調整や確定申告をすると税金が還付されます。

ちなみに年収500万円、40歳以上の人が、イデコで毎月2万円を積立していたら、掛金全額が所得控除額になるので1年間での節税メリットは、4万8500円。その内訳は所得税は2万4500円、住民税は2万4000円と、かなり節税効果があります。50歳からの10年間、積み立て掛金2万円、年3％の利率で運用した場合、一時金を60歳で受け取ると278万8959円。年金で10年受け取りにすると年27万8895円。20年受け取りだと年13万9447円になります。

長く加入しておくと、所得控除のメリットも大きいだけではなく、60歳以降の受け取り方も生活設計に合わせて行うことができるでしょう。

知っているようで知らないイデコの基本をおさらい

それではここで、一度イデコの基本をおさらいしましょう。

イデコは自分で決めた掛金額を毎月積み立てるもので、口座は1人1口座のみ。銀行や証券会社を選ぶ際は、運用商品の種類や手数料を比較検討しましょう。

掛金額は、自分の勤務先で、企業年金があるかないかなどによって月額1万2000円

〜2万3000円と異なってきます。公的年金の被保険者の種別や、企業年金の加入形態によって、積み立てられる掛金の限度額は決まっていて、限度額の範囲内であれば、月5000円から、1000円単位で積立額を自由に設定できます。

2022年10月からは企業型DC（確定拠出年金）の加入者は原則イデコに加入できるようになりました。企業型DCに加入している人がイデコに加入する場合は、掛金合計が5万5000円以内で、イデコの掛金は2万円以内となっています。加入している企業年金の種類と事業主掛金額は会社に確認をしておきましょう。

積み立てたお金は、自分で選んだ投資信託、保険、定期預金などの金融商品で運用できます。

積立運用した資金は、原則として60歳以降に一括、または分割（年金形式）で受け取ることになります。強制的に資産が形成されるのが強みではありますが、途中で引き出しができないので、ライフスタイルに合わせた無理のない金額からスタートするのがおすすめです。掛金の変更は年1回。運用商品の組み合わせは後から変更することもできます。

ただし、そもそも働いていない人や、収入が少なく所得税の額も低い人には節税メリットが少ないので、諸経費としてかかる加入時の手数料2829円や、毎月数百円の手数料を上回るように「運用」しなければうまみがありません。

また、投資はあくまでも余裕のある範囲で行うのが鉄則。預貯金などが月収の6カ月～1年分確保できていない人は、まず資金を蓄えることからスタートしましょう。

イデコの「放置年金」に注意！

日本の年金制度は1階部分を「国民年金」、2階を「厚生年金」、3階を「私的年金」とする〝3階建て〟で構成されています。

このうち3階部分の私的年金には、国民年金基金、厚生年金基金、確定給付企業年金（DB）、確定拠出年金（DC）があり、加入者自身が資産を運用する確定拠出年金には、前述のように、企業型と、個人型のイデコがあります。

なかでも注意が必要なのが、「企業型確定拠出年金」です。給与明細の中身をよく見たことがない、毎月のお給料から何が天引きされているのかを知らない、という人が意外と多いのです。退職した後には、厚生年金から国民年金に切り替えるために年金事務所で手続きをしますが、それで手続きが完了したと勘違いしている人もいます。

しかし、企業型確定拠出年金に加入していた人は、退職してから6カ月以内に、それまで積み立てたお金をイデコもしくは転職先の確定拠出年金などに移す必要があります。イデコの手続きは自分で行わなければなりません。手続きをしないまま6カ月が経過すると、その資産は自動的に「国民年金基金連合会」が現金で預かることになります。これを「自動移換」といい、100万人以上もの人が該当するほど深刻な問題になっています。

国民年金基金連合会によると、この「自動移換」に該当する人は2022年7月末で約111万人もいます。同会が現金で預かっている、いわば「放置年金」の総額は22年3月末で2587億5200万円。200万円を超える資産が自動移換された人は2万3200人もいるそうです。自動移換者を減少させるとりくみとして、企業型DCの資格喪失後6カ月以内に新たにイデコに加入した人、自動移換の状態で新たにイデコの加入者になった人は移換の申し出をすることなくイデコへの移換処理が行われるようになっています。

いったん自動移換されてしまうと、現金の状態で国民年金基金連合会に置き去りにされた状態になるので、その後は運用がいっさいできなくなってしまいます。

しかも自動移換の際、4348円の手数料がかかり、それ以降も毎月52円の手数料が発生。年間で624円と少額ですが、長期間運用しないで手数料が引かれるとなると、資産は目減りしてしまうのです。最大の問題は、確定拠出年金の場合は、原則として加入期間が10年以上ないと、60歳から受け取ることができない点です。10年を満たしていれば60歳から受け取れますが、この間手数料が引かれるため、当初受け取れるはずだった年金よりも総額は少なくなります。

また、加入期間が10年未満の人は、自動移換されている間は加入期間とはみなされません。たとえば入社してから7年勤めている間、企業型の確定拠出年金に加入した人が、会社を辞めてそのまま年金資産を放置してしまうと、60歳から受け取ることはできなくなってしまいます。

実質〝喪失〟となってしまうことにもなりかねません。資産が少額などの条件を満たしていれば、脱退一時金として受け取ることができます。ただし、受け取るためにはイデコに加入して、加入期間を10年にするしか方法はありません。そうなると年金をもらい始めることができる時期が先延ばしされてしまいます。

60歳以降65歳までイデコに加入し続けるためには、会社員として働くか、フリーランスであれば国民年金の任意加入保険者であれば対象になるといいますが、年金を受け取るために働き方を変えるとなると、老後のライフプランにも支障をきたすのは間違いありません。

年金資産が自動移換になると国民年金基金連合会から「確定拠出年金に関する重要なお知らせ（自動移換通知）」という書類が送られてきます。それでも手続きをしなければ、年に1度お知らせが来るので、きちんと確認しましょう。

60歳以降から年金を増やす〝裏ワザ〟

年金が足りない人は60〜70歳までの間で増やす方法がまだあります。

65歳まで国民年金に任意加入

国民年金の加入期間は60歳までですが、自ら希望すれば「任意加入制度」を利用して65歳まで加入できます。対象となるのは、日本国内に住所を有する60歳以上65歳未満の人のうち、老齢基礎年金の繰り上げ支給を受けていない、20歳以上60歳未満までの保険料納付月数が４８０月（40年）未満の、厚生年金保険に加入していない人です。

本人の申し出により70歳まで任意加入

国民年金は、納付済期間などの合計が10年に満たないと年金は全くもらえません。このような場合に、本人の申し出により、65歳から70歳未満の間で受給権が発生するまで国民年金保険料を納めることができます。対象となるのは、日本国内に住所を有する65歳以上70歳未満の人、あるいは日本人で外国に移住している65歳以上70歳未満の人です。

3　夫の死後、妻の年金額をシミュレーションする

妻の受給額を3つのケースで予測

今は夫婦が健在でもいずれはどちらかが先に亡くなります。夫婦のうち夫のほうが年上で妻は年下である場合が多く、男性よりも女性のほうが平均寿命も長いので、女性には

「長生きリスク」が伴います。しかも、あまり年金問題には関心がなく、夫が先に他界して妻がひとりになっても、妻は「今まで通りの年金額が受け取れる」と勘違いをしている人が多いので注意が必要です。

夫が亡くなった後、妻は65歳以降どれだけの年金が受け取れるのでしょうか。

妻自身の「老齢基礎年金」、夫が老齢厚生年金の受給資格者であれば「遺族厚生年金」が受け取れます。自営業などで老齢基礎年金のみであれば、自分の「老齢基礎年金」しかありません。そうなると、支給額1カ月約6万6000円では生活ができなくなっていまいます。夫が亡くなってから10〜15年ぐらい一人で生きることを想定して、まずは「妻がひとりになってからの年金の受取額」を把握しましょう。

配偶者が先立った後、どのような年金収入になるのか、残された人がもらえる年金をシミュレーションしてみましょう。

〈ケース1〉

夫＝自営業、妻＝専業主婦

夫は40年間国民年金に加入していたので、老齢基礎年金（年間約79万円）が受け取れます。妻は国民年金に24年間しか加入していなかったので満額受け取れず老齢基礎年金は約47万7000円となります。2人合わせて1年間の年金収入は約127万円。1カ月10万6000円です。

妻の受給額は年額79万円

このケースでは、もし夫に先立たれて、妻がひとりになったとき、妻は夫の老齢基礎年金は受け取れません。

国民年金からもらえる遺族給付には「遺族基礎年金」「寡婦年金」「死亡一時金」の3つがあります。遺族基礎年金は、18歳未満の子どもを持つ妻（夫）や、両親のいない18歳未満の子ども（両方亡くなった、または一人が離婚等でいなくなり、残ったほうが亡くなったなど）に支給されます。

遺族基礎年金は被保険者（本人）が、次の期間中に死亡していなければ受給資格はありません。

①国民年金に加入中（会社員等も加入しているので含まれる）
②かつて加入していて今は加入中ではないが、60歳以上65歳未満で日本在住中
③老齢基礎年金をもらっているとき
④老齢基礎年金の受給資格者であるとき（60歳以上65歳未満）
①②の人は、保険料納付要件があり、死亡日の前日において、加入期間の3分の2以上が保険料納付済期間または、保険料免除期間であることです。保険料の滞納期間が3分の1を超えていない、といった条件があります（2026年3月31日までは、死亡日の前日において、死亡日の属する月の前々月まで直近の1年間の間に保険料の滞納がない、という特例になっています）。

ちなみに子のいる妻と子が遺族の場合、遺族基礎年金の給付額は次の通りです。

基本額（妻）79万5000円

子の1人目と2人目　22万8700円、子の3人目　7万6200円

子どもが成人した夫婦の場合、どちらかが亡くなっても遺族基礎年金をもらえる資格はありません。寡婦年金（夫の第1号被保険者老齢基礎年金の4分の3、妻が60歳から65歳の

間）または、死亡一時金（12万〜32万円。保険料を納めた期間による）のどちらかのみです。

〈ケース2〉

夫＝会社員で厚生年金加入者、妻＝専業主婦

夫は大学を卒業してから定年を延長して62歳まで働き、妻は結婚してから扶養家族として、「第3号被保険者」で国民年金に加入。夫が定年退職した後は国民年金保険料を払い続け、満額受け取れるまでに達しました。

夫は老齢基礎年金と老齢厚生年金と合わせて年間約２１０万円、妻は老齢基礎年金（年間約79万円）。２人合わせて２８９万円。１カ月24万円（加給年金は含まず）です。

妻の受給額は夫の老齢厚生年金の４分の３相当額

このケースは、夫が会社員、妻が専業主婦というかつては一般的だった事例を想定しています。現役時の収入によって年金額の幅はありますが、おおよそのイメージを捉えることはできるでしょう。

夫が先に亡くなり妻がひとりになったとき、妻は自分が加入した分の老齢基礎年金にプラスして、夫の遺族厚生年金を受け取れます。

会社員や公務員など厚生年金に加入している人（被保険者）またはかつて被保険者で一定要件を満たしている人が亡くなった場合、家族には遺族厚生年金が支給されます。遺族厚生年金をもらえるのは、次の要件があてはまる人です。

- 死亡日に厚生年金保険の被保険者であった人
- 被保険者であった間に初診日のあるケガや病気で、初診日から5年以内に亡くなった人
- 障害厚生年金の障害等級1、2級の受給権者
- 老齢厚生年金の受給権者または老齢厚生年金の受給資格期間を満たして亡くなった人

遺族厚生年金をもらうための保険料納付要件は、遺族基礎年金とほぼ同じです。また年金がもらえる遺族には優先順位があります。

1位　配偶者　妻の年齢は問われないが、夫の場合は55歳以上
子　18歳に到達した年度の末日までの子で、婚姻していない子
2位　父母　55歳以上
3位　孫　要件は子と同じ
4位　祖父母　55歳以上

妻が遺族厚生年金をもらえなくなるケースは、事実婚を含めて再婚したとき、死亡したときなどがあてはまります。

老齢厚生年金をもらっている夫が亡くなったときは、遺族は遺族厚生年金を受け取ります。

夫が亡くなった後、妻は夫の年金の全額受け取れると勘違いしがちですが、正しくは老齢厚生年金の4分の3相当額です。

〈ケース3〉

夫、妻＝ともに会社員で、厚生年金加入者

夫は大学を卒業してから定年を延長して62歳まで40年間働き、妻は結婚してからも会社員として同じく40年間定年になる62歳まで働き続けました。

このケースの場合、夫婦の収入に違いがあることも多いため、年金額にはばらつきがあります。夫が先に亡くなった場合、妻が受け取る年金額は次のA、B、Cの3つのどれかに相当します。順にみていきましょう。

A：妻の老齢厚生年金と妻の老齢基礎年金
B：夫の老齢厚生年金4分の3（遺族厚生年金と同額）と妻の老齢基礎年金
C：夫の老齢厚生年金2分の1と妻の老齢厚生年金2分の1と妻の老齢基礎年金

これらのうち最も多い額になります。

（例）以下の状況で夫が亡くなった場合（月額）

A：妻の老齢厚生年金10万円、妻の老齢基礎年金6万円
＝合計16万円

B：夫の老齢厚生年金4分の3　9万円、妻の老齢基礎年金6万円
＝合計15万円

C：夫の老齢厚生年金2分の1　6万円、妻の老齢厚生年金2分の1　5万円、
妻の老齢基礎年金6万円
＝合計17万円

このケースだと、妻は夫の死後、Cの月額17万円年金額が受け取れるという計算になります。厚生年金の部分は11万円です。厚生年金の内訳は、妻の老齢厚生年金を全額の10万円。残り1万円が遺族厚生年金になります。

自営業者の妻は注意を

自営業者は、遺族基礎年金は妻（夫）に18歳未満の子がいない場合はもらうことができません。遺族基礎年金をもらえない60～65歳未満の妻で、結婚生活が10年以上続いた人には「寡婦年金」という制度があります。寡婦年金がもらえない場合は、国民年金保険料が掛け捨てになってしまいますので、死亡一時金が支払われます。寡婦年金と死亡一時金は、どちらか選択します。夫が亡くなった時の妻の年齢によって、どちらが有利なのかが変わります。

自分たちの加入する年金の種類を知っておき、夫の死後どのような収入になるのか想定した上で、介護プランなどを立ててみましょう。いざ介護が身に迫ったとき、資金計画を立てやすくなります。

第3章

夫婦の老活——お金・住まい・暮らし

終活は「できることから、少しずつ」

「終活」というと「人生の最終章のための準備をすること」と思う人も多いでしょう。しかし、これは子育てが一段落してから自分の時間を送りながら、不要なもの、しがらみを思い切って手放して気持ちも軽やかになる——そんな最も充実した期間を過ごせる時期です。特に女性は結婚してから家族の世話に明け暮れていて、やっと時間ができると喜ぶ人も多いでしょう。身の回りのものをすっきりさせながらお金の整理をしましょう。

繰り返しますが、女性は男性よりも長生きします。厚生労働省によりますと、2021年の男性の平均寿命（0歳の平均余命のこと。以下同じ）は81・47年、女性87・57年。21年簡易生命表からは、女性75歳の平均余命は16・08年、男性75歳の平均余命は12・42年となっています。

40年前と比較すると、75歳からの平均余命は男性では約4年、女性では約6年長くなっており、長くなる高齢期の備えが必要となってきています。

日本人の平均寿命は延びていますが、健康寿命も延ばさなくてはなりません。

健康寿命とは「健康上の問題で日常生活が制限されることなく生活できる期間」と定義されています。2000年にWHO（世界保健機関）が健康寿命を提唱して以来、寿命を延ばすだけでなく、いかに健康に生活できる期間を延ばすかに関心が高まっています。平均寿命と健康寿命との差は、日常生活に制限のある「健康ではない期間」つまり介護や医療が必要になる期間を意味します。2019年でこの差は男性8・73年、女性12・06年でした。女性は約12年医療を含め介護が必要になる期間が生じると考えると、健康上の問題だけではなく、医療費や介護費の増加による家計への影響も懸念されます。

この期間にやっておきたいことは、〝資産寿命〟を延ばすこと。

夫が先立った後の「おひとりさま」時期のことを想定して、病気や介護が必要になったとき、ひとりでの生活が成り立つのか、自分が倒れたらどうするのか、といったことに備えて少しずつ準備を始めましょう。

1　身の回りの「お金」を整理整頓する

「支出」を徹底的に見直す

じつは老後の生活は見直しが必要だと思っても、すでに切り詰めるところがない、という人が多いのが現状です。収入が年金のみになると、生活はギリギリ、病気で入院したり介護が必要になったりしたら貯蓄から捻出することになります。

前章でも解説したように年金額は厚生年金の場合、夫婦で月約22万円。夫の死後、妻の年金は、夫の扶養に入っていた人は、遺族厚生年金をプラスして13万円、自営業夫婦での共働きは13万円。夫の死亡後は自分の老齢基礎年金だけになるので6・6万円です。働き方によって異なるということはお話ししてきました。

夫の定年後、収入が公的年金などに限られてくると、支出は収入の範囲内で収めるように家計の見直しをすることが大事です。そのときに、支出の内容を把握して、コストカットできるところは今のうちに着手しておきましょう。支出にはおおまかに2種類あります。

●固定費……住宅ローン、固定資産税、家賃、管理費、生命保険料、通信費（スマホ代）など
●変動費……食費、水道光熱費など

食費や水道光熱費などの節約術をよく見かけますが、シニア世代がやりすぎると体調を崩すことにもなり、余計な医療費がかかってしまいます。自宅で過ごす時間が増えると食事は大事ですし、年齢を重ねるとそんなにたくさんの量が食べられなくなります。特売品でたくさんの量を買って余らせるよりも、たまには、デパ地下のお総菜を少し買って食べ切る。量より質を求めてもいいと思います。それよりも「固定費」をカットするほうが効果的です。

保険には老後不安につけこむものがたくさん

固定費のなかで一番効果が高いのは「保険」です。すべてカットするのは危険で、加入

しておいたほうがいい保険と、シニア世代には必要ない保険があります。
医療保険、死亡保険、自動車保険、火災保険と、自身や家族、世帯単位でたくさんの保険に加入している人が多くいます。保険は、事故が起こった場合、その後の人生を左右する、取り返しがつかない事由には必要です。
書類を洋服ダンスの引き出しにしまい込んで、「今、何の保険に加入しているのかわからない」、という人も多いのではないでしょうか。まずは、「保険証書」を集めてから、これからの人生に必要なのかどうか一つずつ精査していきましょう。

必要なのは「自動車保険」「火災・地震保険」「掛け捨て医療保険」

事故を起こして他人にケガを負わせたり、災害に巻き込まれて自宅や家財がダメになってしまったり、いつどんなトラブルに巻き込まれるかはわかりません。事故や災害、病気やケガに備える保険は最低限備えておいたほうが安心できます。クレジットカードに付帯されている保険も補償内容を確認しておきます。旅行傷害保険、賠償責任保険、自転車保険（個人賠償責任保険）などがあります。

自動車保険は必ず入っておくべき保険です。強制加入の自賠責保険の補償内容は、自動車事故に遭った他人（被害者）の人身損害のみに限定されています。また、補償額は死亡事故で最高3000万円となっており、これを超える損害は補償されません。車の運転にはさまざまなリスクが伴い、自賠責を超える補償額に対して保険金が支払われる対人補償、他人の自動車や建物に与えた損害に対する対物補償、示談交渉サービス、自分や同乗者のケガ、運転ミスで電信柱などに衝突して運転者がケガをしたなどの自損事故と、さまざまな保険を組み合わせて契約します。

このときポイントになってくるのは「車両保険」です。

最近、夏はゲリラ豪雨、冬は豪雪と気象災害に見舞われるケースが増えてきました。「集中豪雨であっという間に床下浸水になってしまったり、車が水浸しになってしまった」「アンダーパスで立ち往生してしまいそのまま車を放置して避難した」といった事態に陥る人もいるでしょう。

車両保険では、どのような補償がつけられるのか、実際の災害を想定して、金額ではなく必要な補償を考えたほうがいいでしょう。

火災保険は、住宅を取り巻くさまざまなリスクを総合的に補償するタイプ（住宅総合保険）とベーシックな補償のタイプ（住宅火災保険）に大きく分かれます。

火災保険では、建物と家財を分けて契約することになっています。建物は契約したが、家財は契約しなかったということがないよう、注意してください。借家にお住まいの方は、家財のみ契約することとなります。また、家財を契約するとき、高額な貴金属や美術品などは保険会社に知らせないと、保険金が支払われない場合もあります。

補償の範囲は「住宅総合保険」と「住宅火災保険」は、ともに火災、落雷、ガス爆発などの破裂・爆発、風災・ひょう災・雪災（一部自己負担が伴う場合もある）による家屋の損害に対して保険金が支払われますが、注意したいのは「水災」です。「住宅総合保険」では、水災は補償の対象になりますが、「住宅火災保険」では対象外。最近多発しているゲリラ豪雨ですぐに浸水する地域にお住まいの方は、「水災」が補償の範囲になっているかどうかが大きなポイントになってきます。このほかに、「住宅総合保険」には「自動車の飛び込み等による飛来・落下・衝突」、「給排水設備の事故等による水漏れ」「騒じょう等による暴行・破壊」「盗難」など幅広いトラブルに対しての備えがつけられます。

聞き慣れない言葉ですが「騒じょう」とは、自宅前で破壊行為が発生して自宅の塀や壁が壊されたといったトラブルに巻き込まれることで、修繕する費用が保険金で支払われます。住宅総合保険に加入すると生活のなかで起こるトラブルのすべてが補償されるので保険料は割高になります。お住まいの環境から必要な補償を選択しましょう。

また、地震保険は単独では契約できず、火災保険とセットになっています。地震保険は、建物と家財のそれぞれで契約します。契約金額は、火災保険の契約金額の30〜50％の範囲内で、建物は5000万円、家財は1000万円が契約の限度額になります。日本は地震大国で、いつどこでも大地震が起こる可能性があるので、火災保険とセットで加入しておくと安心できます。

医療保険は保障の充実したものを選ぶ方も多いかと思いますが、これはおすすめできません。公的医療保険では高額療養費制度などを申請すれば、治療費の一部が戻ってきますが、入院に伴う諸経費（差額ベッド料、親族付添費用など）、高度先進医療を受けたときの技術料は自己負担になり負担は重くなりがちです。高齢になってから加入すると月額の保険料が高くなることがあります。基本は掛け捨てで、60歳を過ぎたら手厚い保障は必要ありません。

不要なのは「生命保険（死亡保険）」

子どもが成人してからも生命保険（死亡保険）に加入している人も少なくありません。死亡保険は残された家族が生活に困らないために加入しておくもので、子どもが成人した後は大きな保障額は不要です。終身保険で低解約返戻金型は、いつ解約すれば得なのかなど確認しておきましょう。中には「お葬式やお墓代ぐらいは死亡保険でまかなってもらう」と考えている人もいると思いますが、今はお葬式も家族葬が中心で、備えは必要ですが「貯蓄」があれば保険は必要なくなります。子どもが成人したとき、夫が定年退職をしたタイミングで見直すことをお勧めします。

また、公的介護保険での自己負担分を補うものとして民間でも介護保険が販売されるようになりました。保険会社によって介護の判断基準も異なり、いつまで保障されるのか一時金だけなのかなど、様々です。公的介護保険を利用する場合は、一部負担金（1割から3割）が必要です。この一部負担金の分だけ民間介護保険を利用するというのもいいでしょう。介護が必要になるかどうかはわかりません。基本は、年金や貯蓄で支払えるように考えておきましょう。

やってもいい投資は「つみたてNISA」

投資には、株式や投資信託などの金融投資、アパートや駐車場の不動産投資などがあります。物価上昇が続いているので、普通預金をしていては上昇分をカバーできません。投資信託などで運用するのもいいでしょう。しかし、安易に儲け話に乗ってしまい多額の投資をして財産を失うのは取り返しがつきません。資産を増やすのに甘い話はありません。

「つみたてNISA」は2018年からスタートした、投資信託を対象にした非課税制度。通常、投資で出た利益に約20％の税金がかかるところ、つみたてNISAには税金がかかりません。しかも、日本で販売されている投資信託約6千本のうち、金融庁の基準を満たした〝積立に向く〟215本（22年8月18日）に絞られるので選びやすいといった特長があります。

積立額の上限は1年間で40万円まで。非課税となる期間は最長20年。口座開設できるのは1人1口座で、18歳以上であれば何歳でも始められる上、いつでも売却、引き出しができます。制度改正で、24年からは非課税となる期間は無制限、年間投資枠はつみたて投資枠で120万円、成長投資枠で240万円まで、合計360万円になります。非課税となる生涯投資枠は1800万円（成長投資枠は1200万円まで）と制度が拡大されます。

投資は、値動きしますので老後資金から多額の投資資金を捻出するのは禁物です。収入から支出を差し引いて貯蓄にまわすうちの余剰資金で運用するようにしましょう。

慎重にしたほうがいい投資は「個別株式投資」「不動産投資」

個別株投資は、株価に一喜一憂するのでシニア世代には不向きです。お楽しみで株を少しずつ買う、NISAの成長投資枠で買ってみるなどにとどめておきたいところです。

また、アパートや駐車場経営など不動産投資も慎重にしましょう。自宅の空いている敷地に駐車場や自宅兼アパートを建てれば、「不労収入を得られるので老後の資産を増やせる」と考えている人もいるでしょうが、そうは簡単にいきません。建設費用が高くなってきているので、月々のローン返済額が高くなり、空室が出ると維持費をまかないきれなくなり赤字になる可能性があります。入居者と直接やりとりをするのは大変なので管理会社に頼むと委託料がかなりの金額になります。自宅以外の不動産は無理な運用をしないで、不要であれば売却して現金化したほうが、面倒が減って心理的な負担がなくなります。

使用頻度の少ないクレジットカードは解約する

年会費が無料だから、行きつけのお店で勧められたから、といった理由でクレジットカードを何枚も持っている人も多いです。特定のカードを使うと10%オフ、ポイントを集約してマイルにできるなど、特典があるものを厳選しましょう。「スーパーのレジで会計するときに、財布からお金を取り出すのにモタモタしてしまい後に並ぶ人たちの冷たい目線を感じる……」という人こそ、クレジットカードでの一括払いが便利です。クレジットカード会社のホームページから毎月の利用明細を確認できるので、そこで支出を管理すれば家計簿をつける手間はなくなります。年会費がかからないクレジットカード1～2枚程度を残し、利用頻度の少ないカードは解約しておきましょう。

また、意外と多い無駄な支出は、活動実績が不明瞭な慈善団体などの年会費、趣味や習い事の月謝、使用頻度の少ないジムの会費です。税金の寄付控除が受けられる団体への寄付は余力がある範囲で行い、生活費に余裕がない場合は取捨選択して必要ないもの、付き合いをそろそろやめたいと思っているグループやサークルは退会すると、人間関係もスッキリして、お金も節約できるようになります。

冠婚葬祭、イベントなど「特別支出」を見積もっておく

老後資金を目減りさせる想定外の出費が「特別支出」です。一年中、毎月イベントがあります。その度に貯蓄から取り崩していたら老後資金が目減りし、医療や介護が必要になったときにお金が足りない、などということも起こり得ます。

まず一年での「特別支出」を見てみますと、1月はお正月で孫たちへのお年玉、実家がある人は帰省の費用がかかります。5月はゴールデンウイークの旅行。その後も、7月はお中元、夏休み、11月はお歳暮、12月はクリスマス。その間、家族の誕生日、親戚の結婚

式やお葬式などの冠婚葬祭も突然やってきます。

このほかにも数年に一度、家電や車の買い替えがあり、これが大きな支出になります。家電の買い替えはある程度、時期を想定して、予算として見積もっておく必要があります。また、車を買い替えるときは、普通車から軽自動車にするといったことだけでなく、年齢的に車の運転が危ないと思ったら思い切って車を手放すことも選択肢のひとつです。そうすれば、自動車税や保険、車検、駐車場やガソリンなどの支出がすべてなくなるので、コストカットの効果は絶大です。

このほか、家族の誕生日や記念日の食事会、バレンタインデーの贈り物などは、少しずつやめるようにしていき、老後の生活そのものをシンプルにしていくことが大切です。

2 介護を想定して住まいを考える

「住み替え」は慎重に

結婚してから購入した一軒家をそろそろリフォームしたいと考えている人も多いでしょ

うが、バリアフリーのリフォームは介護保険で安く施工できるものもあります。急がないで自宅にバリアフリーが本当に必要なのか、自治体などで相談してみましょう。介護保険で工事をする場合は、介護保険の申請、認定が必要です。施工業者も指定されているので確認しておきます。

もう一つ、慎重に考えたいのは「住み替え」です。

子どもたちが独立して、広い家に夫婦二人で過ごすのは防犯上良くありません。夫が先立ってから妻が一人で住むことを思うと、体力のあるうちに自宅を売却したお金で住み替えをするのは選択肢のひとつですが、「選び方」が問題になってきます。

テレビや雑誌には定年後に、田舎暮らしを始める人たちが取り上げられて、活き活きした表情をみると「自分たちもやってみたい」と思うでしょうが、年齢を重ねてから環境を変えるのはストレスが伴います。最初は自然豊かな景色を毎日見るのはいいと感じるかもしれませんが、慣れない農作業や地域住民との交流などに違和感を覚え、体調を崩す人も少なくありません。車の運転ができないとスーパーへの買い物や病院への通院が困難なので、都会暮らしに慣れた人は、車を運転しなくても徒歩圏内でスーパーや病院に行けるというのは、住み替えのときに欠かせない条件になります。夫婦で高齢者施設に入ると費用がかかります。「終の住処」にはいくつかの選択肢とチェックポイントがあります。

「終の住処」5例とチェックポイント

① 自宅を「リフォーム」して住み続ける

玄関の段差を解消したり、手すりをつけたりするなどバリアフリーにする方法は、施工会社や工法、広さによって異なりますが、バリアフリーあるいは、水まわりにかかる費用は500万〜700万円ぐらいのようです。施工会社のセールストークに乗って不要なリフォームをしないように、介護が必要になってから介護保険で工事をするまで間に合わないものなのか検討しましょう。また、行うのであれば家族や子どもたちと相談することも大切です。ひとりで決断しないようにしたいですね。予算の上限を決めてから業者と交渉するといいでしょう。

□予算はどのぐらいか
□どの場所をリフォームするのか
□介護が必要になったときはどうするのか
□介護保険のサービスを使うことは検討できないか

②戸建て、ファミリー向けマンションから単身者向けマンションに転居

家を住み替えるときに、もっとも重要なのが老後資金は枯渇しないか、という点です。自宅を売った資金で購入する際、老後資金から購入費用を捻出するのは本末転倒です。再び住宅ローンを組むことがないように物件選びは慎重にしましょう。また、介護が必要になったら要介護認定を受けて介護サービスを利用することになりますので、「介護」を想定して、在宅でも生活し続けることができるのかシミュレーションすることが大事となってきます。車を手放しても生活ができるように、駅に近かったり買い物や通院に便利な場所、子どもたちや親戚の家とも近い場所が選択肢に入ります。

□一生、そこに住み続けられるのか

□買い物や交通は便利か
□住み替え後の資産に余裕があるか

③サービス付き高齢者向け住宅「サ高住」に住む

サ高住とは、サービス付き高齢者向け住宅の略称で、コンシェルジュなどが駐在し、見守りや生活支援サービスが受けられる賃貸マンションのことです。家賃は割高で月20万円前後。敷金・礼金は運営会社によって異なります。自力で生活ができることが入居の条件で、介護度が重くなったり、認知症の症状が出始めたりすると、別の施設や子どもの家などに転居する必要が出てくることもあります。介護が必要になったらケアマネジャーにケアプランを作成してもらい、サービスを利用する形式になります。

□サービスは自分の望む通りの内容か
□経営母体、運営会社は安定しているか
□介護が必要になったときに移れる介護施設はあるか

④ 有料老人ホーム「住宅型」

食事、生活支援サービスを備えた施設。入居一時金は1000万円程度ですが、地域、施設によって不要なところもあります。月額15万〜20万円程度の費用がかかります。介護が必要になったら、ケアマネジャーにケアプランを作成してもらい、デイサービスに通ったり、ヘルパーを呼んだりするシステムです。自由に外出できますが、調理が不可、無許可の外泊禁止などの規則がある施設も存在します。

□サービス内容、料金はどうなっているか
□終身の利用が可能かどうか
□介護が必要になったときの対応は?
□経営母体は安定しているか

⑤ 有料老人ホーム「介護型」

体が不自由になり、認知症が進んだとしても24時間の介護を受けられます。基本的に終身過ごすことができます。入居一時金や保証金は地域や施設によって1000万円以上かかる場合もあります。月額20万~30万円程度の費用がかかります。

□サービス内容、料金はどうなっているか
□終身の利用が可能かどうか
□経営母体は安定しているか

「終の住処は誤算続きだった」

私が36年間住んでいた戸建て住宅は環境も良く、夫婦のどちらかが亡くなるまで住む予定でした。しかし、入居してから36年間分の物が多すぎて、住まいを含めて処分するのに、このままでは息子に迷惑をかけてしまうのではないかと思い始めたのです。

息子が結婚を機に東京で生活を始めたのも理由の一つです。

古い家は負債になる可能性がありますが、今だと売れる物件らしいと、結局、当時買った値段くらいで売却することにしました。

夫が生きている間、自宅を売ったお金で家賃が払える賃貸マンションを探して、202

2年5月に、高台にある、海が見えて汽笛や教会の鐘が聞こえる神戸らしい築30年のマンションへ引っ越しました。100メートルくらい急な坂が続くのが若干気になりましたが、それでも引っ越ししました。大きな決断でした。

今までは、自分のスペースも多くあり、夫婦で家にいてもそれほど顔を合わせることもなく、それぞれの空間が快適でした。

ところが、マンションに引っ越しをした途端、私は体調を崩してしまったのです。腸の調子が良くなく、検査をしましたがどこも異常は見つかりませんでした。水が合わなかったのかもしれません。築30年のマンション設備が古く、陽の当たらない部屋もあり、環境の変化に体がついていかなくて、引っ越したくなってしまいました。家具や荷物などを整理し身軽になっていたので、すぐ次の転居を考えることができたのはよかったです。

タイミングよく、築3年の分譲マンションの空きがあり、わずか半年でまた引っ越しました。今度は街中で利便性もよく、それでいて静かな環境。自分の空間もとれる明るいスペースが気に入りました。

予定より老後資金を使ってしまいましたが、戸建てからマンションに移ってみないとわからないこと、想像できなかったことがあったので、ある程度の誤算も仕方なかったと思います。私自身の老後、医療や介護のお金はなんとか残しています。

3　暮らしを「30平米」にダウンサイジングする

50歳からは「とにかく捨てる」

自宅の荷物を整理したい、納戸の物を捨てたいと思っていても「時間があるときにやればいい」と、後回しにしているうちに、部屋のなかが物であふれかえっていませんか？

新型コロナで緊急事態宣言が出て、外出ができなかったとき、家のなかの整理をした方も多いでしょう。例えば、子どもたちが着ていた洋服や学校からもらった賞状などの記念品、子育ての思い出が詰まっている物、これらは写真に撮って残しておきましょう。自分の将来を考えて、「使わない」と思った物、子どもたちに遺しても迷惑をかけると思う本やレコード、ＣＤなど趣味の物は自分で捨てておくようにしましょう。物を片付けてから、生活習慣を見直すとやめてもいいことが見つかってきます。ストレスになる人間関係も少しずつフェードアウトしていくと心身ともにスッキリしていきます。

「30平米」の生活に適応させていく

まずは、一人で30平米（一部屋）で生活するくらいの量にダウンサイジングしましょう。手をつけるのは収納、クローゼットです。「そのうち着る機会があるかもしれない」と、一度も袖を通したことがない洋服や、試着してぴったりだったけれども実際に履いて歩くと合わない靴、気がつくと似たような柄のアイテムをいくつも持っていたシャツやスカートなどで、クローゼットがぎっしり詰まっているケースが多いと思います。

着る物、履く物を厳選します。私は、重いコート、ヒールの高いパンプス、丈の短いスカートやワンピース、高価だったので捨てられず「そのうち着る、履く」と言いつつも、使わない似合わないものを今回すべて処分しました。

また、使わない食器や鍋、フライパン、食品密封容器、本、ＣＤなどの置き場に困っている人もいるのではないでしょうか。

捨てられない人の落とし穴は「まだ使えるのだからもったいない」と思うこと。使っていないものは「もったいない」の対象にはなりません。捨てるのが惜しいと思うのならメルカリなどの中古販売に出す方法もあります。

アルバムや子どもがもらった賞状などの記念品は、データとして保存。自分が死んだ後、遺された子どもたちが処分するのに困ると思ったら、自分の代で処分しておきましょう。家具や不要になった収納ボックスを粗大ごみに出していくと、家のなかが片付いてきます。家のなかが片付いてくると、新しく物を買おうという気分が不思議となくなってきます。物が増えるとその分、置き場所に困るからです。いままで無造作に置いていても困ることはなかったと思いますが、部屋がスッキリしてくると物を無造作に置くことに抵抗感を抱くようになってきます。ショッピングモールに行くたび目につく物を買い込んでいた買い物習慣も改めることができます。食器でも今あるものを壊れるまで使うようにすると資産寿命を延ばすことにもつながります。

近所を「ゆるウォーキング」

健康のために運動をするとなると、シューズやウェアを買って、ジムに通って、と思う人も多いでしょうが、まずは自宅の周辺を歩くことからスタートしましょう。今までバスや自転車で通っていたところまで歩いてみる。少しずつ、距離を伸ばして公園など目的地を設定するだけでいいのです。1日8000歩歩くと、要介護状態になるリスクを減らせると言われています。ウォーキングを続けることで、脂質異常症や糖尿病、高血圧の予防にもつなげられます。

いきなり歩くと膝や足首、足の裏などを痛めますので、最初は近所のスーパーに徒歩で行くことから始めて、少しずつ遠回りして、歩く距離を伸ばせばいいと思います。雨の日や風が強い日、天候の悪い日や体調がすぐれない日は無理しないで休んでもいい程度のゆるい縛りで、気分転換をする感覚で始めると毎日の習慣になるでしょう。

中高年になると生活習慣病のリスクが高まってきます。一年に一度、市区町村の自治体では無料で健康診断を実施しています。受診して、数値を把握することが大事です。数値が高めでもすぐに薬に頼ろうとしないで、体を動かすことから始めてみましょう。

また、サプリメントなどの健康食品を愛飲している人も多いと思います。家計を圧迫しない程度にとどめ、栄養素は三度の食事できちんと摂るようにすれば手放せるでしょう。

お付き合いの棚卸し

今は親戚やいとこなどともSNSでつながっているケースがあります。年賀状を出さなくても近況はわかるのと、フィードにアップした情報に「いいね！」を押せば、相手もこちらに気がついてくれることもあるので、そろそろいとこなどの親戚への年賀状は辞退してもいいと思います。「今年こそ会いましょうね」というやりとりが続いていた、疎遠になっていた方はいませんか？　コロナが長引き、人と「会う」機会は減っていますので、疎遠になっている人と会うことはないでしょう。「これで最後で」と伝える年賀状を出して終わりにするのもよいでしょう。

失礼にならない年賀状のテクニックは、「還暦を迎えた本年を結びに新年のご挨拶を失礼させていただきたく存じます」「気付けば古希に至り、従来のお付き合いも難しくなってまいりました」「私ごとではありますが長年勤めた職場を退職する運びとなりましたので」などと、節目の出来事を強調した理由にする方法があります。

そして辞退の言葉は、「本年をもちまして年始のご挨拶状を失礼させていただこうと思っています」「今後は年賀状を控えさせていただこうと思っております」と、丁寧にすると相手も理解して円満に年賀状じまいができるでしょう。

テレビショッピングは見ない

通信販売などで定期購入していると、使いきれないうちに配達されて、未使用の物が部屋中あふれかえっていませんか？　テレビショッピングでは「これは便利」「まとめ買いをするとお得」「今だけ割引チャンス」という言葉に誘われて、つい購入したくなるようになっています。ネットショッピングも同じです。「1万円まで買ったら送料無料」と、金額に達するまで買ってしまう恐れがあり、それも無駄遣いにつながります。〝資産寿命〟を延ばすためには必要な物以外は買わないこと。「どうしても買いたい」と思ったら一晩寝て冷静に考えることが大事。それでも買ってしまう人は、時間とお金の浪費につながるテレビやネットショッピングは見ないことに限ります。

SNS、ネットニュースの見すぎは避ける

電車やバスのなかでもスマホ片手に画面を見ている人がいます。スマホはインターネットを通していつでも好きな情報に接することができるのでとても便利です。役立つニュースや面白いサイトがたくさんありますので、つい熱中して見すぎてしまいます。しかしシニア世代は目の疲れ、脳疲労も起こし、夜遅くまで見ると睡眠障害を起こす原因のひとつになるなど、体にいいことはありません。むしろ、不安なニュースで頭がいっぱいになるという大きなマイナス点もあります。

また、フェイスブックやツイッター、インスタグラムに投稿するためにお店に出かける、という行動は若い世代まで。シニア世代はSNSとも適度に距離を置くことが大事です。他人と比較しても仕方ありません。また、スマホの配信ニュースはPV（閲覧）数を稼ぐために、刺激的な内容に改変されていることも多く、読むと一喜一憂することもしばしばあるかと思います。こうした情報にはなるべく触れない、チェックするとしても一日一回に留めるなどしましょう。そうすればニュースに振り回されて心身が疲弊することもありません。

運転免許証はなるべく早めに自主返納

高齢ドライバーによる人身事故のニュースが流れるたびに、「免許はいつ返納したらいいのか」と悩む人も多いでしょう。

車がないと不便な地域に住んでいる人もいます。でも、75～79歳では交通事故件数が増加してきます。大事故を起こす前に運転免許証を手放すようにしましょう。自治体によって内容は異なりますが、高齢者はバスなどの公共交通機関は無料、あるいは割安で利用できるので早いうちに利用して慣れておくとよいでしょう。また、運転免許証を手放した人が自由に外出できるように、自分の行きたいところに予約して利用する「乗合バス」「オンデマンド交通」などの交通網を整備している自治体もあります。「運転経歴証明書」を申請すると身分証明書になるほか、協力企業や店舗の割引サービスなどを受けられることもあります。

先にも触れましたが、年金生活になったら、車の維持費は大きな負担になります。アクセスのいい場所に引っ越すことも、選択肢のひとつとして考えてみましょう。

第4章

やってはいけない介護

第3章では夫婦の老後を取り上げました。夫婦「ふたり」のいずれかが亡くなれば「ひとり」になります。本章では、ひとりになったときに最も大きな課題となる介護について述べます。まず、具体的な行動に移る前に把握しておきたい知識や心構えについて触れます。

頭の中でシミュレーションを

介護というと70代、80代の高齢者の介護を思い浮かべがちですが、決してそうではありません。私の経験を言うと、すでに述べたように夫が2022年11月に右足骨折で手術、入院生活を経てリハビリもほぼ終了しているのですが、退院時点では生活支援が必要な状態でした。

医療の手は離れても、生活に支障をきたす場合には生活支援や介護が必要となります。医療と介護は密接に関連していますが、異なるものだということはしっかり理解しておきましょう。

また、介護保険が介護を対象とする公的制度として整備運用された背景には「長寿化」

があります。介護保険ができる以前は、人は介護が要するほど長生きしなかったのです。昭和から平成に世移りする三十数年前では人生80年、現在では人生100年です。長生きすれば介護が必要になるのです。しかし、見落としがちなのが、想定外の事故やケガによっても介護が必要となるということです。

私の場合、仕事のほとんどは東京で行うために、神戸に住む夫の生活支援が十分にできませんでした。私が不在の場合の対処として、夫が入院中から介護保険の申請を準備し、退院日に地域包括支援センターに連絡を入れ、介護保険の申請をしたい旨を伝えています。

神戸市では、地域包括支援センターというのは役所用語すぎるので、「あんしんすこやかセンター」と通称を用いています。このあんしんすこやかセンターは現在の居所から歩いて3分ほどのところにあります。早々に保健師資格を持ったケアマネジャーが来宅し、介護保険申請の手続きに入りました。そして夫の退院後に介護保険を申請、訪問調査員による調査とかかりつけ医の意見書に基づき、介護保険審査会による認定がなされ、夫の場合は要支援1との判定でした。申請から判定までひと月以上かかるのですが、実際には介護サービスは退院後早々に前倒しでスタートしています。週1回45分程度のヘルパーさんによる浴室トイレ掃除と買い物のサービスがありました。さいわいにも夫の回復が早かったので実際に利用したのは3回だけで、本格的な介護保険にお世話になることなく現在に至っています。

公的制度は実際に利用してみないとわからないものですが、どのような仕組みになっているのかをまず知っておくことが大切です。後ほど詳しく触れていきます。そして、利用できるのかどうかを、実際に事が起こる前に、頭の中でシミュレーションしてみることが大切です。

ひとりになったときの終の住処をどうする？

第3章では夫婦ふたりの「終の住処」について自らの経験も含めて述べました。本章では、配偶者が逝き、ひとりになったときの住処について考えていきます。

夫婦ふたりの生活というのは、どちらかが要介護者になってももう一方が介護者となれることが大きな安心を生み出しているわけです。しかし、ひとりになることによって、自分が介護をすることを考える必要がなくなる一方で、自分自身が要介護者となったときにどうすれば良いのか、答えを用意しておく必要があります。

例えば、配偶者を見送った住居にそのまま住み続ける選択肢は、果たして最適解なのかどうかを事前に考えておきましょう。また自分の介護にどう対応するか、特に自身でケアができなくなる認知症の場合にはどうすれば良いのかという、悩ましい問題があります。

この場合、子が介護者となってくれるのであれば、ひとりになったときの介護は考える必要はなく、また三世代住居ならスペースの問題はないものの、新たに子が同居するケースには留意が必要です。環境の変化は親子双方に想像以上にストレスを与えます。

なので、住みなれた住まいで最期を迎えるのか、老人ホームのような施設に入るのかを考えておく必要があります。よくいわれる在宅か施設かという問いには、自分で答えを出すしかありませんが、この判断は早ければ早いほど良いということと、施設から在宅へ戻るということは難しいということを理解しておく必要があります。

在宅か施設かの決め手は「距離感の許容度」

私は、在宅か施設かを決めるときのポイントは、人との距離を受け入れられるかどうかだと考えています。病院では、カーテンの向こうに同じ入院患者がいます。個室もありますが、トイレなどは共同利用、入浴は週2回というのが標準です。老人ホームなどの介護保険施設となれば、とくに有料老人ホームでは居住スペースは広くなりトイレ付きとなったりし、人との距離感は病院などよりははるかに良いのですが、職員との距離は医療も介護も、在宅より密となります。こうした施設では常時職員の見守りがあり、食事・洗濯などの心配はないというメリットがあります。逆に、自立に近い状態ならば、自由になる時間はあるものの、それを持て余してしまうというケースもあるようです。

一方、在宅では介護保険などの公的なサービスを限度一杯利用しても、常時の見守りは難しいものです。万が一のときの準備はしておいたとしても、それなりの心構えや覚悟が必要です。ある程度、「孤独死」を受け入れざるを得ないということです。そういうものだと割り切ることが求められるでしょう。

特別養護老人ホームで最期を迎えた義理の母の場合、施設からの連絡のたびに夫は大急ぎで向かい、ほっとしながら帰ってくることが幾度もありました。夫は、「多分、母はこんな状況を望んではいなかっただろうな。自宅にいた父が病院入院後、数時間で亡くなった。母はそのような死に方を望んでいたように思う」と振り返っていました。

映画で認知症の世界に触れてみる

認知症に自分がなるかどうかは誰にもわかりません。認知症になる可能性のために施設に入るということは、私個人としては考えていません。そして、認知症には、たったひとつの正しい答えがあるというわけではなく、その人にあった特別注文のような対応策しかないのです。在宅でも施設でも認知症にならないようにすることを最優先に考え、なんでも自分でするしかない生活をすることは良い選択肢のひとつだと思っています。

また、認知症について、実態を含めて詳しく知る必要があります。認知症については、介護者としての経験者、老人ホームで実務に携わる有識者が著した書籍、また映画などで、多くを知ることができるようになってきました。介護保険が施行され、十分な時間が経ったことによる蓄積です。特に私がお薦めしたいのは映画です。創作物なので、もちろん現実と乖離する部分はありますが、ネットで家に居ながらにして視聴することができる映画は数多くあります。

例えば、同名の芥川賞受賞作を原作にした『おらおらでひとりいぐも』は、認知症でもアルツハイマー型ではなくレビー小体型によるものを描いています。私の母がこのレビー小体型の認知症と診断されていました。レビー小体型の特徴として、幻影が見えるという点が挙げられます。母が「隣の部屋に人が居る」と言い、実際には居ないという私自身の実体験が、映画の内容と重なりました。

まず「地域包括支援センター」に相談を

介護はガンや脳血管障害、骨折など病気やケガがきっかけで始まることもありますし、物忘れがひどくなって認知症のような症状が出始めた、あるいは高齢になって足腰が不自由になり、日常生活に支障をきたすようになった、というようにさまざまなきっかけがあります。

介護が必要と思ったらまず「地域包括支援センター」に連絡するとよいでしょう。「地域包括支援センター」は、自治体の出先機関で、中学校区におおむね一つあります。主任介護支援専門員（ケアマネジャー）や保健師、社会福祉士、看護師等の専門家がいるので、ワンストップで介護のほか、医療や福祉についても相談できます。「骨折で入院して車椅子が必要になった」「自宅に手すりをつけたい」と思ったとき、あるいは「言動がおかしいので認知症かもしれない」というときに、どこの病院に行ったらいいのか、または在宅介護で必要なプランを考えてくれます。以下、詳しく解説します。

地域包括支援センターで行っていること

- 介護や福祉に関する相談の支援
- 要支援1、2の人に向けて介護予防ケアプランの作成
- 高齢者に対する虐待防止、権利擁護事業
- 一人暮らしの高齢者に対する見守り

相談できること

- 介護保険サービスを利用するためにはどうしたらいいのか
- 介護生活にはどのくらいお金がかかるのか

- 一人で暮らす親が心配
- 親の言動が最近おかしくなった
- 高齢者向けの施設、住まいに住み替えをしたいがどんな方法があるのか
- 成年後見制度の利用方法が知りたい……など

地域包括支援センターに電話をするときには相談内容を簡潔に伝えてから、相談日時を予約すると当日の対応もスムーズにいきます。

1 〈おひとりさま〉後の介護を想定する

要介護認定の申請から認定までの流れ

市区町村で「要介護認定」の申請を行うと、申請後に市区町村の職員、保健師などが自宅を訪問し、聞き取り調査（認定調査）が行われます。同時に、市区町村からの依頼により、かかりつけの医師が心身の状態について意見書（主治医意見書）を作成します。その

後、認定調査結果や主治医意見書に基づいて、コンピュータによる一次判定、介護認定調査会による二次判定を経て、要介護度が決定されます。申請から認定まで30日以内です。

認定結果は要支援1・2、要介護1～5まで7段階、および非該当に分かれて、それぞれの要介護度に応じたサービスが利用できます。認定結果が出るまでに先にサービスを使っておくこともできます。非該当の場合でも、自治体のサービスを受けられることもあります。保健師さんなどに相談しましょう。

介護が必要になったときに備えて、「地域包括支援センター」の場所を知っておきましょう。介護保険の情報を得るだけでなく、「介護保険のしおり」「介護サービスの手引き」など自治体が独自に発行している小冊子から最新情報を入手できます。

介護サービスを受けるまでにやっておく4つのこと

① 収入を把握する

2018年8月から利用者負担額の見直しが行われて、所得が多い高齢者は自己負担が3割です。収入によっては介護サービス費の負担が大きくなります。親の収入と資産を確認して、毎月どれくらいお金がかかるのか、収入と支出のバランスを把握しましょう。

（自己負担の割合）
年金収入等340万円以上（合計所得金額220万円以上）：3割
年金収入等280万円以上（合計所得金額160万円以上）：2割
年金収入等280万円未満（合計所得金額160万円未満）：1割

②どんなサービスを受けることができるのか知る

次に介護保険ではどんなサービスが使えるのか調べてみましょう。居宅サービス、施設サービス、地域密着型サービスのなかから、本人（妻）の希望を考えながら、家族で話し合うことです。

その際、介護の事業者の住所と電話番号が一覧になっている「ハートページ」や、「介護サービスの手引き」などの小冊子で、近所にどんな介護事業者があるのかを探して、ホームページなどでチェックしてみましょう。

③介護の「キーパーソン」を決める

妻が病気や介護状態になったとき、自分で意思表示ができる状態であればいいのですが、病状が悪化して判断能力が乏しくなったとき、誰が「キーパーソン」(調整・交渉役)になるのか。それが問題になってきます。

私の場合、父がガンで手術を受けるときは、母がキーパーソンでした。母に認知症の症状が出始めてからは私がキーパーソン。夫が転倒骨折したときも私なのですが、夫が先立った後、私が倒れたら息子に頼るしかありません。子どもがいない夫婦は、妻がひとりになったとき誰がキーパーソンになるのか。それだけでなく、病院に入院したときの身元保証人、そのままお迎えがきたときの葬儀や火葬、埋葬は誰にお願いしたらいいのか。お金を遺すだけでなく、妻自身が亡くなった後のことまで考えておかなければなりません。

妻自身に代わってやりとりする相手は主治医だけでなく、ケアマネジャーや、いろんな職種の人と関わってもらうことになります。

ただし、役割がひとりに集中すると負担がかかってしまうので、ひとりの人に全部を背負わせないこと。家族で役割を分担するためにも話し合いが大切です。

④居宅介護支援事業者を選び「ケアマネジャー」を決める

要介護の人が介護保険制度を活用、介護サービスを受けるためには、居宅介護支援事業者を選びケアマネジャー（介護支援専門員）を決めて、ケアマネジャーは生活環境や本人の希望に応じた「ケアプラン」を作成します。

ケアマネジャーを選ぶポイントは、ハートページにある居宅介護支援事業者のリストから探すのが一般的ですが、相性もあります。電話をかけてみて対応の良し悪し、自宅からの距離などから判断しましょう。または、すでに介護サービスを利用している人の「口コミ」も参考になります。要支援の人は地域包括支援センターでケアプランを作成してもらいます。

介護保険で受けられる居宅（在宅）サービス

要介護度は、次ページの図表1のような身体の状態が目安になり、1カ月あたりの利用限度額は大きく変わってきます。利用限度額を超えた部分は実費になります。

また、介護保険で受けられるサービスは、自宅に訪問を受ける「在宅サービス」、施設に通って利用する「施設サービス」や短期入所するサービスなどがあります。

要介護の人は要支援の人とは受けられるサービスが異なりますので、ケアマネジャーに確認しましょう。また、要支援の人は地域包括支援センターのケアマネジャーがケアプランを作成します。以下、詳しく見ていきましょう。

（要介護の人）

●訪問介護（ホームヘルプ）……ホームヘルパーが自宅を訪問し、食事、入浴、排泄等の介助が受けられます。

●訪問看護……看護師や保健師が訪問し、療養上の世話や診療の補助が受けられます。

図表1　要支援・要介護度の目安

（　　）は1割負担

区分	状態の目安	1カ月あたりの利用上限額
要支援1	日常生活上の基本動作は、ほぼ自分で行うことが可能であるが、起き上がりや立ち上がりなどの一部を支援することにより、要介護状態となることの予防が可能	5万320円（5032円）
要支援2	日常生活において、歩行や洗身などに不安定さが見られることが多いが、日常生活動作の一部を支援することにより、要介護状態となることの予防が可能	10万5310円（1万531円）
要介護1	歩行や洗身などに加え、薬の内服や金銭管理に介助が必要な状態又は医療的管理が必要な状態で、日常生活の一部に介助が必要	16万7650円（1万6765円）
要介護2	立ち上がりや歩行など自力でできない場合が多い。排泄や入浴などに一部介助又は全介助が必要	19万7050円（1万9705円）
要介護3	立ち上がりや歩行など自力ではできない。排泄や入浴、衣服の着脱などに全介助が必要	27万480円（2万7048円）
要介護4	日常生活上の能力はかなり低下しており、排泄や入浴、衣服の着脱などに全面的な介助、食事摂取に一部介助が必要	30万9380円（3万938円）
要介護5	日常生活上の能力は著しく低下しており、生活全般にわたって、全面的な介助が必要	36万2170円（3万6217円）

出典：厚生労働省
https://www.kaigokensaku.mhlw.go.jp/commentary/fee.html

●訪問リハビリテーション……リハビリの専門家（理学療法士、作業療法士、言語聴覚士）が訪問し、リハビリテーションが受けられます。
●訪問入浴介護……介護浴槽を積んだ車で訪問して、入浴介助が受けられます。
●居宅療養管理指導……医師、歯科医師、薬剤師、栄養士などが訪問し、療養上の管理・指導が受けられます。

（要支援の人）
●介護予防・日常生活支援総合事業「訪問型サービス」……ヘルパー等が訪問して、介護予防を目的として日常生活の支援が受けられます。利用回数は要支援1の人は週1〜2回、要支援2の人は週1〜3回、非該当の人でも「介護予防・生活支援サービス事業」を利用できる人は週1回利用できます（自治体の基準による）。
●介護予防訪問入浴介護……疾病などやむを得ない理由で入浴介助が必要な人向けに、介護浴槽を積んだ車で訪問して、入浴介助が受けられます。
●介護予防居宅療養管理指導……医師、歯科医師、薬剤師、栄養士などが訪問し、介護予防を目的とした療養の管理・指導が受けられます。

訪問介護の対象になるもの

●身体介護……入浴や排泄、食事の介助など利用者の身体に直接触れる介助で、本人が行うのが困難な場合。排泄介助・おむつの交換、入浴の介助・身体の清拭、着替え・体位変換の介助、通院等の外出援助。

●生活援助……掃除、洗濯、買い物、調理などの家事で、利用者が行うのが困難な場合。同居の家族がいるときは、家族が障害、疾病等の理由でできない場合に限り利用の対象になります。利用者が使用する居室等の掃除、利用者の衣類、食料等の生活必需品の買い物、一般的な食事の調理。

訪問介護の対象にならないもの

直接本人の援助にならない行為や日常生活の援助に該当しない行為、日常的な家事の範囲を超える行為は介護保険の対象になりません。

利用者以外の人の洗濯・調理・買い物、利用者が使用する居室等以外の掃除、ゴミ出し、来客の対応、自家用車の洗車、庭の草取り・樹木の剪定《せんてい》、犬の散歩などペットの世話、家具の移動や部屋の模様替え、大掃除など。

実費でも役立つ自治体のサービス

以下、自治体が提供している様々なサービスを紹介します。

配食サービス

自治体と契約した事業者が昼食、夕食などのお弁当を自宅に届けて安否確認を行います。一人暮らしで外出が困難な人、家族も含めて食事の準備が難しい人などが利用できます。利用限度は自治体により、1食の費用も事業者によって異なりますが500円前後というところが多いようです。

見守り型緊急通報システムの設置

自宅に火災感知器やガス漏れ感知器、生活リズムセンサーを設置します。具合が悪いときなどはボタンを押すだけで警備会社の警備員と話ができ、利用者に代わって119番通報した上、警備員が自宅に駆けつけてくれるオプションもあります。また、トイレのドアなどにつけたセンサーがドアの開閉を24時間以上感知しなかったときは、利用者の安否を確認してくれるなど、見守ってくれます。月額利用料は収入によって異なり、住民税非課税の人では700〜800円程度、課税世帯は1700〜1800円前後で利用できます。

シルバー人材センターのボランティア

樹木の剪定、除草、ふすまや障子の張り替えなど1回あたりの利用料を支払うと、自宅で作業をしてくれます。

このほかにも、要介護度が3以上などの人向けに理容師、美容師が自宅に訪問してカットをしてくれるサービスや、在宅の一人暮らしの人向けに月に一度、寝具の乾燥、消毒をしてくれるサービス、ゴミ出しをしてくれるサービスもあります。さらに、自治体によっては、介護保険のサービスを利用していない人向けに家事支援のサービスもあります。
また、地域のボランティアやＮＰＯが、お弁当の販売や居場所を提供するサロンを開いていることもありますので、時間をみつけて参加してみることをお勧めします。

2 〈おひとりさま〉になった妻が認知症になったら

認知症に気づくには

認知症は誰でもかかる可能性のある脳の病気です。何かの原因で脳の細胞に損傷を受けたり、働きが悪くなったりすることで「認知機能」が低下して、生活のしづらさが現れる状態を指します。

厚生労働省「認知症施策の動向について（令和元年9月6日）」によりますと、各年齢の認知症高齢者の推計は、２０２０年時点で６０２万人、25年には６７５万人、40年には８０２万人に達するとされています。１万人コホート年齢階級別の認知症の率を見ますと、70～74歳が３・６％、75～79歳が10・４％と低く推移していますが、80代になると急上昇します。80~84歳が22・4%、85~89歳が44・3%。

私の母は83歳のときに認知症の症状が出始め、翌年に有料老人ホームに入居しました。異変を感じたのは、ひとりで一日座って探し物をしていたり、そこにはいない人に食事の用意をしたり話しかけたりしていたときでした。

また、「記憶障害」は見られるけれども認知機能は保たれていて、日常生活に支障をきたしていない「軽度認知障害」(MCI)の状態にある人は約400万人いると言われています。

認知症はゆっくり進むのでMCIが認知症の前段階であるという考え方もあります。「物忘れがひどい」「物の位置関係がわからなくなる」など、同年齢の平均よりも脳の機能が低下している状態を指します。

認知症は早期に発見して早期に治療を開始すれば、よい状態を維持したまま生活を送ることができます。また、近年は新薬の開発も進んでいます。そのためにも、家族や周りの人が認知症を理解して、支え方を知っておくことが大切です。認知症には「アルツハイマー型認知症」「血管性認知症」「前頭側頭型認知症」「レビー小体型認知症」といった種類があり、それぞれ原因や症状が異なるので、専門書で特徴を理解しておくとよいでしょう。

「もしかして認知症?」と思ったら

自分の認知機能の低下を自覚できる人は少なく、「どこも悪いところはない」「今は困っていない」と言い張って病院の受診を嫌がる傾向があります。さらに、生活上の失敗が増えても「失敗した」とは思わず、失敗してもすぐに忘れてしまうので、家族から失敗を指摘されると怒りの反応が出てきてしまいます。

介護保険を使って色々なサービスを使おうと思っても、本人は「あまり問題がない」と思っているので、受け入れてもらえないケースもあります。

妻がおひとりさま生活をするようになったら、自分で異変に気づくしかありません。例えば、食品や洗剤など日常に使うものを大量に何度も買っていないかなど目に見える形で、自分の行動を確認するのもいいですね。とはいえ自ら気づくのは難しいことです。普段通っているサークルなどで、「いつもと様子が違ってたら教えて」とお願いしておくこともいいでしょう。

図表2　「認知症の気づき」チェックリスト

① 財布や鍵など、物を置いた場所がわからなくなることがありますか				
	まったくない **1点**	ときどきある **2点**	頻繁にある **3点**	いつもそうだ **4点**
② 5分前に聞いた話を思い出せないことがありますか				
	まったくない **1点**	ときどきある **2点**	頻繁にある **3点**	いつもそうだ **4点**
③ 周りの人から「いつも同じことを聞く」などの物忘れがあると言われますか				
	まったくない **1点**	ときどきある **2点**	頻繁にある **3点**	いつもそうだ **4点**
④ 今日が何月何日かわからないときがありますか				
	まったくない **1点**	ときどきある **2点**	頻繁にある **3点**	いつもそうだ **4点**
⑤ 言おうとしている言葉がすぐにでてこないことがありますか				
	まったくない **1点**	ときどきある **2点**	頻繁にある **3点**	いつもそうだ **4点**
⑥ 預金の出し入れや、家賃や公共料金の支払いは一人でできますか				
	問題なくできる **1点**	だいたいできる **2点**	あまりできない **3点**	できない **4点**
⑦ 一人で買い物に行けますか				
	問題なくできる **1点**	だいたいできる **2点**	あまりできない **3点**	できない **4点**
⑧ バスや電車、自家用車などを使って、一人で外出できますか				
	問題なくできる **1点**	だいたいできる **2点**	あまりできない **3点**	できない **4点**
⑨ 自分で掃除機やほうきをつかって掃除ができますか				
	問題なくできる **1点**	だいたいできる **2点**	あまりできない **3点**	できない **4点**
⑩ 電話番号を調べて、電話をかけることができますか				
	問題なくできる **1点**	だいたいできる **2点**	あまりできない **3点**	できない **4点**

①から⑩までの合計を計算……　　　点

20点以上の場合は、認知機能や社会生活に支障が出ている可能性があるので、医療機関や相談機関で相談をしましょう。

出典：東京都福祉保健局高齢社会対策部在宅支援課「知って安心認知症」（平成30年12月発行）

「もしかして認知症かも？」と思ったら、自分で（または家族が）できる「チェックリスト」を使ってみましょう。

私の母の場合は、最初要介護2の認定でしたが、有料老人ホームに移ってから要支援2まで回復しました。早めに家族が気づき、プロの手に委ねることは大切です。訓練でかなり予防できるのではと思っています。認知機能検診を受けるなど健康診断と同じで早期発見が一番ですね。

自治体の支援を調べてみる

各自治体では、認知症の予防から人生の最終段階まで初期、中期、後期など進行状況に合わせて、いつ、どこで、どのような医療、介護サービスを受けられるのか、標準的に示した「認知症ケアパス」を作っています。その時点で利用できるサービスや医療がわかります。

まだ介護保険のサービスを利用していなければ、住まいの近くの「地域包括支援センター」に行って、相談することから始めましょう。

また、元気なうちに「認知機能低下時は在宅介護を希望するのか、施設やグループホーム入所を希望するのか」「施設に入った場合の自宅は?」など検討しておきます。介護される本人も家族も約半数の方が居宅介護を希望しています。

ちなみに、私が居住している神戸では、「神戸モデル」という、認知症の方やそのご家族が安心・安全に暮らしていけるよう、65歳以上の市民を対象に早期受診を支援する「診断助成制度」と、認知症の方が外出先などで事故に遭われた場合に救済する「事故救済制度」を組み合わせて実施する制度があります。認知機能検診は2年間で約4万人が受診しています。賠償責任保険があるので安心です。お住まいの自治体でこうした取り組みが行われているか調べてみるのもよいでしょう。

あらかじめ決めておくポイント

あらかじめ準備しておくポイントは以下になります。

- 「認知症かもしれないので病院に連れていってほしいがどの病院がいいのかわからな

いので教えてほしい」「自宅で倒れたときの緊急通報システムなど見守りのプランはないか」など、困ったこと、知りたいことを具体的にまとめておきましょう。

- 介護保険のサービスをすでに利用しているときは、ケアマネジャーに困ったことを相談してみましょう。
- 病院に行くときには「健康保険証」と「お薬手帳」、ほかにかかっている病院（疾病）の有無を確認しておきましょう。
- 医療費の支払いについて「キーパーソン」と相談して銀行の通帳、印鑑、キャッシュカードなどの管理の方法を共有しておきましょう。
- 自分の身に万が一があったときの連絡体制を整えておきましょう。

3 グループホームを利用する

些細なことでも相談するのが鉄則

認知症の症状が出始めてから、介護保険のサービスを使って自宅で住み続けていても限界が来るときがあるかもしれません。私の母は介護付きの有料老人ホームに入りましたが、介護保険のサービスのひとつ「グループホーム（認知症対応型共同生活介護）」も検討してみましょう。グループホームは、認知症の高齢者が家庭的な雰囲気のなか、1ユニット5～9人で共同生活を送り、日常生活の介護を受けるところです。利用できるのは、要支援2と要介護1～5で認知症と診断された高齢者です。原則、施設のある市区町村に住んでいる人が対象で、サービスにかかる費用は、要介護度ごとに決められていて、施設サービス費（介護保険の1～3割、食費、居住費、水道光熱費など）、日常生活費などがかかります。
入居一時金は公的な決まりがないので、施設によって開きがあり、0～100万円程度。毎月かかるお金は、15万～20万円程度です。

妻がひとりになったら、誰にも相談できず長期に引きこもってしまうケースがあります。子どもも親の状況を把握できておらず、福祉の目が届かないこともあります。ひとりで抱え込まず、ちょっとしたことでもいいので、ケアマネジャーや友達などに話しておくこと。家族には、住まいを含めてどんな介護を受けたいのか、認知症になることも想定して伝えておきたいところです。

4　妻の財産を守る制度

銀行預金の凍結に注意！

〈おひとりさま〉の妻が認知症になり、判断能力が低下して「意思疎通ができない」と判断されると、銀行預金は凍結されてしまうことが多いので気をつけましょう。

妻に代わって、子どもが銀行から預金を引き出そうとしてもストップがかかり、生活費や介護などのお金は子どもたちが肩代わりすることになってしまうことも考えられます。

「キャッシュカードの暗証番号を知っていれば、ひとまずお金の出し入れはできる」と思う人も多いでしょうが、本人から事前に了承を得ていなければなりません。

社協の日常生活自立支援事業を活用する

自治体にある社会福祉協議会（社協）の「日常生活自立支援事業」は、認知症、知的障害、精神障害などにより判断能力が十分でない人が、地域で安心して生活できるように支える制度です。本人と契約し、援助内容の①を中心に、必要に応じて②、③を生活支援員・専門員が担当します。

〈援助内容〉
①福祉サービス利用時の手続きなどを行う。1回1時間につき1000円。
②「金銭管理サービス」で公共料金の支払い、生活費の引き出しなどを代行する。通帳は本人が保管する場合は1回1時間につき1000円。通帳を社協が預かる場合は1回1時間につき2500円。
③貯金通帳など大切な書類を預かるサービス。1カ月1000円。別料金で年金証書なども預かってくれます（金額は市区町村の社会福祉協議会によって異なります）。

このサービスを利用するためには、本人が社協と契約をしますが、認知症などの症状が進んで本人との契約が難しいと判断されると、「成年後見制度」が利用できるように手助けしてくれるので、ひとりでも安心です。

妻の判断能力低下に対応する3つの制度

認知症などで判断能力が低下したときに財産を守る制度は、「法定後見」「任意後見」の成年後見制度と、「家族信託」の3つがあります。

成年後見制度とは、認知症などによって、物事を判断する能力が十分でない方（以下「本人」）について本人の権利を守る援助者（成年後見人など）が、法律的に保護して支えるための制度です。

金融機関での各種取引、不動産の売却、福祉施設との契約をするといったことが必要になっても、本人の判断能力がなければできません。判断能力が低下したときに4親等内の親族や市区町村長からの申し立てにより、家庭裁判所が後見人（支援者）を選ぶのが「法定後見」。選ばれた支援者は本人の希望を尊重しながら財産管理や身の回りの手伝いをします。

「任意後見」は、本人の判断能力があるうちに、あらかじめ指定した任意の後見人に就任

図表3　家族の財産を守る「家族信託」「任意後見」「法定後見」

	判断能力が低下する前		判断能力が低下した後
使える制度	家族信託	任意後見	法定後見
どうやって使うのか	信頼できる家族との契約	信頼できる家族または専門家との契約	家庭裁判所に申し立てを行う
いつから始まるのか	契約と同時にスタート	判断能力が低下した後にスタート	審判が確定したらスタート
権限の範囲	信託した財産の管理や処分	すべての財産の管理や処分と身上監護	すべての財産の管理や処分と身上監護
裁判所の関与	なし	あり	あり
報酬	書類作成をした専門家への報酬がある	後見人、後見監督人への報酬がある	後見人、後見監督人への報酬が必要な場合もある

法務省のホームページなどを参考に筆者作成

してもらい、財産管理や療養介護などについて代理権を与える委任契約で、任意後見監督人が選定されたときから契約の効力が生じる特約がついています。

いずれも、いったん後見人になったら簡単にはやめられません。後見人が病気になって療養が必要、転勤で遠隔地に行くなど「正当な事由」が家庭裁判所で認められない限り、辞任することはできないので、家族で十分話し合いをしましょう。

一方の「家族信託（民事信託）」は、本人の判断能力が低下する前に、信頼できる家族に財産を託し、契約した内容どおりにその財産の管理や処分をしてもらう制度です。信託とは、自分の財産を、信頼する人に託し、自分や大切な人のために管理・運用してもらうことです。つまり、財産の管理・運用を誰のために、どんな目的で行うのかということを、あらかじめ、自分で決めておきます。この3つの制度を知っておきましょう。

認知症になる前に備える「任意後見」

任意後見は本人に判断能力がある間に、将来、判断能力が不十分になったときに備えて、公正証書を作成して任意後見契約を結び、支援者（任意後見人）を選んでおくことができる制度です。将来の財産管理や身の回りのことについて、その人に何を支援してもらうのか、自分で決めておくことができます。

自分の子どもや孫、交流のある姪や甥、親しくしていて信用のおける友人などに任意後見人になってもらえるので、「この人なら任せて安心」という人にお願いすることが大切になってきます。

本人から委託された任意後見人は、本人に対して行った内容について任意後見監督人に報告する義務があります。さらに任意後見監督人は、任意後見人が適正に職務を行っているか監督する役割があり、家庭裁判所に定期的に報告を行います。

認知症になる前に「家族信託」を使う

財産のなかで、家族信託を使い管理したい財産を「信託財産」といい、主に現金、不動産、未上場株式の3つが対象になります。このように金融商品だけではなく、不動産も含めて管理、財産処分を行うことができる自由度の高い信託です。

財産を預けたい自分（妻）が「委託者」になり、財産を預かり管理や処分をする子どもが「受託者」、財産から得られる利益を受け取れる自分、またはほかの家族が「受益者」となり、委託者と受託者が書面を交わします。

成年後見制度と違って、家庭裁判所に提出する書類がないので、財産の管理がしやすいのが特徴です。家族信託契約書を作成してもらう専門家への報酬はかかりますが、後見がスタートしてから本人が亡くなるまで毎月、数万円かかる後見人また後見監督人への報酬が必要ない、といったメリットがあります。

家族信託を利用するための手続きの手順は、①資産がどれだけあって、何に使いたいのか目的を明らかにします。②次に相続に詳しい司法書士や行政書士などの専門家に相談します。どの程度費用がかかるのか見積もりの確認も必要です。③依頼を受けた専門家は、信託内容を契約書にします。専用の口座開設が必要な場合は、専門家と受託者が一緒に金融機関に出向き、後日、委託者と受託者が専門家とともに公証役場に行って、契約書の作成をします。

認知症になっても自分や家族が安心して暮らせるように、さらに、亡くなったあとも自分の財産を自分の思い通りに親族に渡すことができるように、家族信託を選択する人が増えてきたそうです。

自分の死後の財産の行く先を事前決定しておくことができる便利な制度ですが、気をつけたい点もあります。

成年後見制度のように、成年後見人や監督人に毎月支払うコストはかかりませんが、契約書を作成する専門家への手数料が意外とかかる点に注意が必要です。手数料の相場は信託する財産の1％ですが、高額な手数料を取る専門家もいます。また、信託財産は相続財産ではなくなるため、信託財産と相続財産の割合や内容によっては、親族間トラブルにもなりかねません。両方の対策を同時に考えてくれる専門家を選ぶことが大切です。

「死後のこと」を含めてどうしたいのか、法定相続人になる家族と話し合うと、後のトラブルを防ぐことができます。大事な財産と家族を守るために検討してみましょう。

認知症になってもお金が使えるサービス

金融機関では認知症になってもお金が使える新サービスが続々と登場しています。

家族信託のニーズが高まっても「信託口座」を開設できる金融機関が少なく、制度に関してもよくわからないという人が多いのが現状です。いきなり専門家に頼むと相談料がかかってしまいますが、無料で初心者向けのセミナーを主催している金融機関や不動産会社があるので、おおいに活用しましょう。

オリックス銀行の「家族信託サポートサービス」は、少人数での無料セミナーで相続や家族信託の基礎を解説した上で、家族構成や資産内容、相続の意向などを聞いて個別の相談に応じてくれます。さらに、有料のコンサルティングで具体的なプランを提案し、提携する司法書士と家族信託契約を結ぶ、という流れです。相談対象財産が自宅と金銭のみの場合、相談手数料は27万5000円（税込）。司法書士への報酬、信託口口座の開設手数料がかかります。

このほかにも、広島銀行、城南信用金庫、武蔵野銀行などが有料で家族信託のコンサルティングを行っています（以上、2023年4月時点）。

認知症になって判断能力が落ちると預貯金口座は原則、凍結されてしまいます。生活費や介護、医療費などのお金が下ろせない不便さを解消させるのが、三菱UFJ信託銀行の「つかえて安心」というサービスです。

認知症になった本人に代わって代理人がスマートフォンにダウンロードした「専用アプリ」を使ってお金を引き出せます。認知症になる前に、銀行と信託契約を結び、現金の出し入れをする代理人を選びます。子どもなどの代理人は、生活費など本人のために使った領収書等をスマホで撮影して銀行に送信し、毎月20万円までの定額払い機能もあります。

その内容は代理人以外の家族などに「専用アプリ」でも知らされます。異議がなければ請求日の翌日から5日後に払い出す仕組み。信託金額は２００万円以上で、設定するときに５０００万円以下の部分は信託金額の１・65％、５０００万円超の部分は、信託金額の１・１％の信託報酬率がかかります。信託設定後は、月々の管理手数料５２８円（いずれも消費税込）がかかります。アプリを家族の間で共有するので、代理人が申請したお金や介護の内容を共有できます。また、代理人の使い込みを防ぐことも期待できます。

さらに三菱ＵＦＪ信託銀行では、将来、判断能力が低下したときに、「有料老人ホーム等施設の入居一時金」「1件あたり10万円以上の医療費」についてのみ払い出しができる「解約制限付信託『みらいのまもり』」があります。かかった費用の請求書を代理人から同行に送ると、本人らに代わって金融機関が直接、介護施設や自治体への振り込みを代行してくれるサービスです。

みずほ信託銀行の「認知症サポート信託」は、元気なうちに５００万円以上を信託金額として預け入れ、3親等以内の親族、弁護士、司法書士から1人指名します。認知症と診断されてから医師の診断書を提出し、サポートがスタートすると、代理人が提出した医療、介護費、税金や社会保障費などの請求書や領収書に応じて、指定の口座に入金されるという仕組みです。

三井住友信託銀行の「100年パスポート」は、認知症になったときの管理だけでなく将来の相続までに対応した信託商品。毎月、15日に指定金額が信託財産から口座に振り込まれる年金形式のほか、代理人の請求により医療、介護、住居にかかった費用の分だけ口座に振り込んでもらうなど、受け取り方法が選べます（以上、2023年4月時点）。

いずれの商品も、預け入れる信託金額の額は数百万円以上と高額で、中には中途解約ができず契約者本人が亡くなって相続が開始されたときに契約が終了するといった商品もあります。使う予定のない資金、余剰資金で申し込んだほうがよいでしょう。また預け入れるときの金額によって変わる手数料や月額の管理手数料など、コストがどれだけかかるのかも確認しておきましょう。

男性は家族の変化に気づきにくいことも

男性は、なかなか親や妻の様子の変化に気づきにくい傾向にあります。起こりうることを想定して、準備しておくこと。お金のこと、相談先、誰がどうサポートするのかなどです。起こってからだと思うようにことが進まないものです。慌てず対処できるようにしておきましょう。

第5章

妻が〈おひとりさま〉になったら

——見送りと相続

1　妻は誰が墓場まで連れて行くのか？

妻の老後には「前期」「後期」がある

妻の「老後」は、「前期」と「後期」の二つに区分されるのではないかと考えています。「前期」は夫がいる期間で、老いていくなかで夫の介護、看取りを経験し、子どもや親戚がいても中心になるのは妻で、「キーパーソン」として取り仕切る人も多いでしょう。「後期」は夫を看取った後、〈おひとりさま〉になってからです。現在、私は、神戸と東京の二つの拠点で仕事を続けていますが、夫の状況次第で、比重が神戸寄りになるかもしれません。

夫は、極力、医療にかかることなく亡くなることを願っているようですが、こればかりは本人をはじめ誰にもわかりません。2022年11月に右足を骨折して、40日間の入院と3カ月ほどのリハビリ生活を続けるなかで、なるべく健康で過ごし医療との接触は最低限にすべきだとの思いに至ったようです。それと同時に、これからは人生の「おまけ」そのもの、何の煩いもなく好きなように時を過ごしたいと決めているようです。

私たちはいずれ車の運転ができなくなっても大丈夫なように、スーパーマーケット、郵便局、病院や特別養護老人ホーム（特養）などがすぐ近くにあるエリアのマンションに引っ越ししました。特に、介護施設や医療施設が近くにあることと、早い時期からそれらの施設との接触を持っておくことは非常に重要なことです。

いつまで生きるかなんて誰にもわかりません。そのため、息子を含めて、万が一の場合の対処についての決め事をしています。夫は神戸を居所とし、近隣の施設などを検討し、息子を中心に動いてもらう準備をしています。

三人の家族の一人が欠けても、残り二人が協力できる仕組みを作ろうと思っています。そのため、夫が先立てば、私の生活拠点は東京に移ることになります。東京では、息子夫婦との仕組みづくりを行っていくつもりです。

親の終活（第1章参照）で、実際に看取りから葬儀まで体験したら「必要なこと」はだいたいわかってきます。自分に照らし合わせて、元気なうちに子どもたちと準備をしておきましょう。

延命治療はどうする

私の父が76歳のとき、大腸がんにかかり摘出手術を受けました。入院して手術を受けた後、経過が芳しくなく、日ごとに体力も気力も失われていきました。最後は私たちが望まない再手術をし、さらに悪化して、最期を迎えました。このときの判断を母に任せてしまった後悔があります。家族は静かに最期をと思いましたが、医師が手術をさせてくれと母に言ったらしく、望みがあるならと同意しました。結果、父に痛い思いをさせただけでした。どこで治療をやめるかを一人で判断するのはとても難しいです。家族数人で話し合うようにした方がよいでしょう。

治療しても回復が見込めず、死が近づいている状態を「終末期」といいます。自分の口から飲み物を飲み込めなくなったときなど、医師から「胃ろう」を勧められるケースがあります。胃ろうとは、胃に小さな孔を作り、直接流動食などを入れる措置のこと。終末期だけでなく、回復を見込んで一時的な措置を行うケースもあります。また、呼吸の状態が悪くなったので人工呼吸器をつけるか、心肺停止になった際、心臓マッサージで蘇生を試みるかといった判断が必要になります。

ここで最も大切になってくるのは、本人の意思ですが、本人は意識障害や認知症などで意思表示ができない状態に陥っていることも多くあります。その場合は、家族が本人の意思を推測したり、医師などと話し合ったりして決めることになりますが、「延命治療をして回復の可能性を探りたい」「これ以上、苦しい思いをさせたくない」など、家族のなかで意見が一致しないことも考えられますし、そのときの判断は正しかったのか、と後悔にさいなまれる人もいます。

最近はがんも寛解する病気になっているので、本人に告知をすることがほとんどです。病状や進行は個人によって異なりますので、延命治療を望むかどうか、痛みや苦痛を取り除く緩和ケアを希望するのかも含めて、自分の意思をエンディングノートに記しておくと、家族が困らないでしょう。

「事前指示書」に書いておきたい3つのこと

①最期を過ごしたい場所は?

多くの人は「病院」で亡くなるのが一般的ですが、最近では在宅死を選ぶ人も少なくありません。在宅医、訪問看護ステーションなどと連携し、在宅介護をサポートするキーパーソン(家族)の存在は欠かせなくなります。家族と相談して決めましょう。また、「介護施設」は看取り加算がつく施設、特別養護老人ホームや介護付き有料老人ホームでなければ、基本的に看取りは行いません。施設で看取りまで行ってくれるのかどうかは入居時によく確認しておく項目のひとつです。

②どんな終末期を送りたいのか?

静かな場所で過ごしたいのか、回復の可能性があれば治療を続けたいのか。後者であれば、意思表示をしておくことが大切です。また、一切の延命治療を望まないときは、公益財団法人日本尊厳死協会が入会者に対して「リビング・ウイル（人生の最終段階における事前書）」の作成について教えてくれ、保管もしてくれます。

個人的に保管する文章「私の希望表明書」もあります。

参考サイト：https://songenshi-kyokai.or.jp/about

③在宅死を望む場合はどうするのか？

「最期まで自宅で過ごしたい」という希望を持つ人も増えています。末期がんなどは、比較的最期まで動けるので在宅療養は可能です。いずれにしても看取る家族が介護を担うことになるので、自分一人では決められません。子どもなど家族と相談することをお勧めします。

かかりつけ医との連携を

持病を抱えている高齢者は定期的な通院が不可欠です。通院の付き添いが必要になってきたり、親がひとりで病院に行くのが困難になってきたりしますと、家族の負担は増えてきます。往診や訪問診療を行っているクリニックであれば、突然の体調不良のときなどでも安心できます。最近は病院での入院期間が短くなり、がんの終末期や病状が不安定な状態でも自宅に帰らされることが多いのですが、住み慣れた家で療養を選べるケースが出てきました。

自宅に医師や看護師にきてもらう在宅医療には、①突発的な病気やケガに見舞われたとき、医師が自宅に訪問をして治療を施す「往診」と、②1週間に1回、2回など定期的に訪問して診察を行う「訪問診療」、さらには③看護師が訪問してケアをする「訪問看護」があります。これらを利用する際には、医療保険と介護保険のどちらかを選択することになります。かかりつけ医か、もしくは、すでに介護保険の居宅サービスを利用しているのであればケアマネジャーに相談してみましょう。

訪問看護で主にできること

- 身体の清拭、入浴、食事・排泄の介助など療養上のケア
- かかりつけ医の指示に基づいた医療処置

- 体温・血圧など体調面のチェック
- 床ずれの予防や処置
- 在宅でのリハビリテーション
- 認知症のケア
- 栄養バランスのよい食事が取れているか、適度な運動のアドバイス
- 末期がんなどの場合の在宅での終末期医療

在宅看護では医療的な措置のほかに、家族への介護支援などの相談にも乗ってくれます。末期がんのため在宅療養中で、自宅での看取りを希望している人は、介護保険のサービスをほとんど使わないで、訪問診療、訪問看護を利用しているケースもあります。病気や状態によってやり方はさまざまですが、常に医師の見守りの範囲にいると思うと、家族は安心できます。

葬儀会社を決め、葬儀の準備をする

コロナ禍で葬儀は簡素にする人も増えています。葬儀をする場合、直葬、家族葬などの選択肢があるので、パンフレット等取り寄せて料金、内容を確認しておくことです。また、互助会などに加入しているかどうかも知っておきましょう。よくあるトラブルは「家族葬」のパッケージで「30万円」などと書かれていますが、祭壇や棺桶、遺影などに限られ、そのほかにも、実費で僧侶へのお布施、遺体を保管するためのドライアイス、火葬場の料金、親族控え室代、お花代、飲食代などがかかってくるというものです。

子どもたちは親が誰と普段お付き合いがあるのかは知らないので、「伝えてほしい人」など友達リストを作っておきましょう。

仏教の場合は、戒名をどうするのか遺族で迷うことがあります。戒名は位牌や墓石に記されます。戒名をつけてもらう際のお布施は20万～100万円程度で、寺院によって異なるほか、「信士・信女」「居士・大姉」「院信士・院信女」「院居士・院大姉」の順にランクが上がり、金額が高くなるのが一般的です。

私は母が亡くなった際、父と同じランクにしないと不自然だという親類の意見もあって、父と同じランクの戒名にしてもらいました。金額はかかりましたが、親族が納得したので満足しています。家族が困らないように、自分の希望を残しておきましょう。

このほかにも遺影や骨壺も、時間があるときに自分の気にいるものを探しておくといいでしょう。

〈おひとりさま〉の終活はどうする

注意したいのは、妻に子どもや姪甥などの後継者がいない場合は、葬儀を執り行う人、火葬から埋葬まで立ち会う人、死後の手続きを代行する人が必要になってくることです。その場合は「死後事務委任契約」で、受任者に喪主になってもらうようにお願いしておきます。

「死後事務委任契約」は、契約によって費用は異なってきます。行政書士などの専門家にお願いするケースが多いようですが、料金形態などは前もって確認する必要があります。

以下、死後事務委任契約でやってもらえることを記します。

- 病院での死亡診断書の受け取り
- 病院・医療施設の退院・退所手続きと精算
- 葬儀・火葬に関する手続き
- 役場への死亡届の提出（葬儀会社が代行する場合もある）
- 埋葬・散骨に関する手続き
- 居住賃貸料の支払い・解約の手続き（賃貸入居者）
- 遺品整理
- 健康保険、介護保険、年金などの手続き
- 公共料金（電気・水道・ガス・スマホ・固定電話など）の支払い停止
- 住民税や固定資産税納税の手続き
- インターネットやクレジットカードの解約……など

夫が埋葬されているお墓に入りたくない妻も急増

男性には耳の痛い話かもしれませんが、最近は「夫とは同じ墓に入りたくない」「義理

の父母ではなく実の父母と同じ墓に入りたい」といった希望を持つ妻たちが増えています。あるいは、お花に囲まれた樹木葬、海洋散骨などの自然葬、納骨堂といった選択肢も増えています。一般の墓地には公営、民営、寺院などがあり、後継者がいないと契約できないケースがあります。毎年「管理費」「維持費」という名目で負担がかかるので、特に後継者がいない妻は、この管理費や維持費は誰が支払うのかといった問題が生じてきます。

後継者がいなければ、墓じまいをして、継承者を必要としない自然葬、納骨堂や合同墓に入る方法もあります。これも葬儀の準備とともに考えておかなければならないことのひとつです。

遺骨を移動して新しい墓に移す引っ越し、「改葬」は、お墓を建てるのと同じくらい費用がかかります。もとの墓を管理していた寺の檀家を抜ける際、離檀料でトラブルが起こることもあります。新しいお墓の準備をしながら、もとの墓の墓地管理者（菩提寺など）に説明をして了承を得る。このプロセスは大事となってきますが、遠方に住んでいるとそう何度も通うのは大変になってきます。

了承を得てから、もとのお墓がある市区町村の役場で「改葬許可申請書」など、改葬のための必要書類を受け取り、もとの墓地管理者に署名押印をもらいます。

改葬許可証が発行されたら、宗教によって「魂抜き」などの儀式を行います。新設した墓地管理者に改葬許可証を提出し、「開眼法要」など宗教ごとの儀式を行います。

私の実家は墓じまいをし、現在合葬墓にしています。神戸市は65歳になると申し込みができます。10年個別にするなら10万円。合葬は5万円です。夫はすでに申し込んでおり、私も65歳になったら申し込み予定です。そうすると、息子のお参りは合葬なので、祖父母も合わせて1カ所で済みます。好きな時に会いに来てくれればいいと思います。

2　妻の相続まで考える

相続税を払わない人も申告が必要なことも

亡くなった人の財産を受け継ぐ遺産相続は、10カ月の間に分割方法を決め、必要に応じて相続税の申告・納税を行わなければなりません。手続きには必要な書類が多く、時間がかかります。全体的な流れを把握して、今からできることを知っておいたほうがいいでしょう。

遺産の相続は、身近な人が亡くなったときから開始されます。財産の持ち主（親）を被相続人、受け継ぐ権利がある人を相続人と呼び、被相続人の死亡から10カ月という限られた期間内に相続税の申告、納税を行います。相続税を支払わない場合でも、申告が必要なこともあるので気をつけましょう。

身近な人が亡くなり、相続が発生したら、まず「遺言書」を確認しましょう。次に、誰が相続人なのか確定します。民法が定める財産を受け継ぐ人を「法定相続人」と呼び、被相続人の戸籍謄本で確認できます。

相続では、現金や不動産などプラスの財産だけでなく、借金などのマイナスの財産も引き継ぎます。そのため、どのような財産があるのか調査して、財産目録を作成する必要があります。

その上で「遺言書」があれば、記載された内容に従って財産を分けます。遺言書がない場合は、相続人全体で協議して、遺産分割の方法を決めます。これを「遺産分割協議」といいます。1人でも協議に参加していない人がいれば、遺産分割協議は無効です。また、相続には「遺留分」があり、遺留分の権利がある人は、その権利を行使することができます。遺留分を侵害された場合は、原則として12カ月以内に「遺留分減殺請求」をします。

そして、全員が合意したら財産の名義を変更します。

10カ月以内に「相続税申告書」を作成して、被相続人の住所地を統括する税務署に提出します。また納税は原則、現金で一括納付します。

どう分けるかとともに気になるのが「相続税」です。相続税には「基礎控除」があり、基礎控除の額までは、相続税はかかりません。額の計算式は以下です。

基礎控除額＝3000万円＋600万円×法定相続人の数

例えば、法定相続人として子ども2人がいれば、3000万円＋600万円×2人＝4200万円、子どもが1人なら3000万円＋600万円＝3600万円。

夫婦のどちらかが亡くなったときは、「配偶者に対する相続税額の軽減」が使えます。

配偶者が相続する額が1億6000万円以下、または法定相続分以下なら相続税がかからないという制度です。夫が亡くなったときにこの配偶者控除をフル活用して、夫の資産の多くを妻が受け取ると、妻自身が亡くなったとき（二次相続）は子どもの数しか法定相続人がいないので、子どもたちの負担が多くなることが考えられます。分け方については先々のことも含めて検討しましょう。

もうひとつ大きいのが、「小規模宅地等の特例」です。

亡くなった人の自宅の土地についての軽減措置で、同居していた配偶者や子どもが相続し、相続税の申告期限まで所有し、そこに住み続ける場合、330㎡までは土地の評価額が80％減額されます。

例えば、土地の評価額が3000万円だとしたら、相続税は600万円に減額されます。居住用と事業用の土地が両方ある場合は、あわせて減額の対象となり、合計で最大730㎡まで適用可能となります。子どもと同居していて、引き続き子どもが住み続けるのであれば、これらは有効です。しかし、子どもと別居して住む予定がない自宅は、「負動産」になってしまうので、生前に売却してその資金で介護施設に入るなど、早めに対策が必要になってきます。

遺された妻の相続税対策、3つのポイント

①生命保険（死亡保険）に加入

資産が多く相続税対策を考える人も少なくないでしょう。相続税には基礎控除がありますが、このほかにも、「死亡保険金等の非課税限度額」が利用できます。

亡くなった人が保険料を払っていた場合は保険金が「みなし相続財産」として相続税の対象になりますが、「500万円×法定相続人の人数」までの額は非課税で相続できます。

例えば、子どもが2人いると1000万円までが非課税となります。使う予定がない現金がある場合は、生命保険に加入しておくと有利に遺すことができます。

②生前贈与で子どもたちに先に渡す

資産を贈与すると「贈与税」がかかりますが、さまざまな特例があり、それをうまく使

うと節税につながります。贈与税は1人に対して110万円までの贈与が非課税になる「基礎控除」があります。相続開始前3年以内の贈与は相続税の対象になりますが、制度改正で2024年1月1日以降の贈与から7年に延長されます。

少額に分けて早めに贈与すれば、結果的に、相続財産が増えることになります。

また、生前に資産を子や孫に渡したい場合に利用できる制度には、「相続時精算課税制度」があります。この制度は、贈与を受ける人、1人あたり累計で2500万円まで贈与税がかからず、2500万円を超える分にだけ一律、20%の税率で贈与税がかかるというものです。

将来、贈与した人が亡くなったときには、相続する財産の価額に「相続時精算課税制度」で贈与した額を足し、相続税として精算します。

制度改正で2024年1月1日からは110万円の非課税枠が新設され、また、年間110万円までの贈与であれば確定申告が不要になり、手続きが楽になります。利用を検討する場合は税理士などの専門家に相談したほうがいいでしょう。

③「家族信託で備える」ことも一つの方法

第4章でもお話ししたように「家族信託」は相続税対策としても使えます。

例えば夫に先立たれ、〈おひとりさま〉の妻が、「今は元気でも、少しずつ物忘れが増えてきて将来が心配」という場合に家族信託を選択するとこうなります。

この場合、妻は委託者、子ども（娘か息子）が受託者、妻が受益者になります。信託財産は今住んでいる自宅と現金1000万円という契約にしました。仮に妻が介護施設に入り実家が空き家になったら、子どもは自宅を売却して介護費用にあてるといった契約内容にすることもできます。

妻が他界したとき、資産が凍結されて葬儀費用が出せずに困ることがないように、契約で葬儀費用などの支払いができるように決めておくこともできます。

親から財産を委託された子どもは、何にいくら使ったのか記録することが義務づけられますが、家庭裁判所への報告義務はありません。不正使用がないように専門家やきょうだいや親戚を監督人に指定して、チェックする仕組みにしたり、親が委託者の子どもに月々の報酬を払いたいと思えば、契約に盛り込んだりすることもできます。

後継者がいない夫婦も「家族信託」で備えることができます。

ある地域に住む夫(78)は、妻(80)と2人暮らしで子がいません。夫婦は先祖代々から受け継いできた土地で暮らしていました。夫の死後、土地など財産は妻が相続しますが、妻が亡くなった後、妻側の親族に相続されて、土地が渡ってしまうのを避けたいと考えていました。遺言書では、夫は妻が死んだ後の財産「二次相続」までは指示できないので、それができる家族信託を利用することにしました。

預貯金と自宅の土地・建物を信託財産にして、夫が委託者で第1受益者、夫の甥を受託者、妻が第2受益者となる契約書を公証役場で作成しました。夫が元気なうちは、毎月信託した財産から生活費を受け取り、亡くなった後は、妻が夫に代わって受け取ることができます。妻が亡くなった後に残った財産は、甥に渡るように指定することも可能です。

この場合、最終的に甥が手にした信託財産は、妻が亡くなったときに相続税がかかります。

これらの手続きを司法書士などの専門家に依頼するため、専門家への報酬や登録免許税などの諸費用が必要になってきますが、「二次相続」の指示ができるので安心できるでしょう。

妻の見送りをサポートする人の目星をつけておく

このように残された妻のその後には、対処しなければならない多くのことがあります。これらを一人でこなすのにはたいへんな労力が必要なことを認識し、まだ元気なうちに話し合い、準備しておくことがとても大切です。当然ながら自分の見送りは自分ではできないのです。〈おひとりさま〉になるかもしれない妻が残されるとなれば、できる限り早くから準備をすることです。また、専門家や専門の事業者に依頼するとしても、残される妻のことをわかってくれている人を身近につくっておくことが重要であり、安心、安全につながります。そのためには今からでも身内、知人などから、残された妻の見送りをサポートしてくれる人を見つけ出すことができればよいでしょう。夫婦でよく話し合っておくことをおすすめします。

おわりに

人生100年、たいへんな時代になったものです。長く生きれば、労苦も増えることでしょう。どのようにして乗り切るのか、現在の私の生活信条は次の2つです。

ウソをつかない
清潔に整理整頓

本書では、人生における〝想定外〟を中心に取り上げましたが、実生活でよく起こるのは、「あんな人だとは思っていなかった」「騙されてしまった」といったような〝人間関係の想定外〟です。私が心掛けているのが「予防防御」です。予防防御の一つが、「ウソをつかない」です。自分がウソをつく場面と、相手側にウソをつかれる場合があります。まず、人が一度ウソをついてしまうと、ウソを取りつくろう必要が生じます。それがウソだとばれてはまずい複数の人がいる場ならば、状況はより悲惨になります。ですから、ウソはつかないと私は決めていますし、言いたくないことを言わざるを得ない場面に遭遇したときは黙るか、どうしてもいやなときはその場を去ります。ウソをつくよりはマシだからです。

世の中は信用信頼の上に成り立っています。数度にわたってウソをつき、ウソを重ねる人には近づきません。このようなスタンスを10年20年と守ると、信用信頼できる人しか残りません。それでも余程のことがない限り、困ることは起こりません。

次に、「清潔に整理整頓」ですが、亡くなったのちのことを考えながら死にたくはありません。常に身辺整理をしておき、小綺麗に死にたい、それも清潔に——を信条としています。

人生の生き方は、個々人によってすべて異なっています。「生き方」は個人単位の特注品であり、それは他人が作って、はいどうぞというものではありません。自分自らの頭で考え、実践しながら作り上げていくものです。本書は自らのハンドメイドな「生き方」を作り上げるための一助になることを願って執筆しました。

最後に、企画段階からアドバイスいただきました朝日新聞出版の大﨑俊明さん、執筆協力をいただいた村田くみさんをはじめ関係者の皆様に深甚なる感謝の意を述べさせていただきます。

井戸美枝

参考文献

第1章
公益財団法人 生命保険文化センター　生命保険に関する全国実態調査2021年度　https://www.jili.or.jp/research/report/8361.html
公益財団法人 生命保険文化センター　リスクに備えるための生活設計　https://www.jili.or.jp/lifeplan/lifesecurity/1099.html
井戸美枝『身近な人が元気なうちに話しておきたい お金のこと 介護のこと』（東洋経済新報社）

第2章
井戸美枝『残念な介護 楽になる介護』（日経プレミアシリーズ）
井戸美枝『一般論はもういいので、私の老後のお金「答え」をください！』（日経BP社）

第3章
一般社団法人日本損害保険協会　損害保険とは？　https://www.sonpo.or.jp/insurance/index.html

第4章
井戸美枝『残念な介護 楽になる介護』（日経プレミアシリーズ）

第5章
井戸美枝『身近な人が元気なうちに話しておきたい お金のこと 介護のこと』（東洋経済新報社）
國安耕太『おひとりさまの終活「死後事務委任」 これからの時代、「遺言書」「成年後見制度」とともに知っておきたい完全ガイド』（あさ出版）

井戸美枝　いど・みえ
CFP®認定者、社会保険労務士、国民年金基金連合会理事。生活に身近な経済問題、年金・社会保障問題が専門。「難しいことでもわかりやすく」をモットーに雑誌や新聞に連載を持つ。著書に『一般論はもういいので、私の老後のお金「答え」をください！増補改訂版』(日経BP社)、『お金がなくてもFIREできる』(日経プレミアシリーズ)など。

朝日新書
907
親《おや》の終活《しゅうかつ》 夫婦《ふうふ》の老活《ろうかつ》
インフレに負けない「安心家計術」

2023年5月30日第1刷発行

著　者　井戸美枝

発行者　宇都宮健太朗
カバーデザイン　アンスガー・フォルマー　田嶋佳子
印刷所　凸版印刷株式会社
発行所　朝日新聞出版
〒104-8011　東京都中央区築地5-3-2
電話　03-5541-8832（編集）
　　　03-5540-7793（販売）

Published in Japan by Asahi Shimbun Publications Inc.
ISBN 978-4-02-295217-2
定価はカバーに表示してあります。
落丁・乱丁の場合は弊社業務部(電話03-5540-7800)へご連絡ください。
送料弊社負担にてお取り替えいたします。